Klartext

Lese-Glück

Eine Anthologie über den Himmel auf Erden

herausgegeben von Doris Maurer

Die Anthologie Lese-Glück wurde angeregt und gefördert vom Verband der Verlage und Buchhandlungen in Nordrhein-Westfalen e.V.

1. Auflage April 1996
Umschlaggestaltung: Stefanie Saxe
Satz: Klartext, Essen
Druck: Presse-Druck, Augsburg

ISBN 3-88474-400-3 (Festeinband)
ISBN 3-88474-480-1 (broschiert)

Inhaltsverzeichnis

Vorwort

„Bin an Bücher ganz verloren“, gesteht Karl Wolfskehl in seinem „Lobgesang“, und er beschreibt höchstes Glück mit Büchern – sogar ohne sie zu lesen. Doch das ist die Ausnahme: Glück durch Bücher beim Lesen, Lese-Glück taucht in den Texten dieser Anthologie häufiger auf.

Glücksmomente des Abtauchens aus dem Alltag, das Verkriechen in Lesegrotten, Sich-Treibenlassen sind vielfach – literarisch – bezeugt.

Lese-Glück läßt Bauchweh, Kummer, schlechtes Wetter, Hunger, Liebesleid, Kälte, Hitze vergessen. Lese-Glück, hervorgerufen durch Bücher, die fesseln, die auf Stunden in andere Welten entführen. Und da ist es dann nicht entscheidend, was gelesen wird. Die hier versammelten Texte zeigen, daß höchste Seligkeit durch Schillers „Wilhelm Tell“ ebenso hervorgerufen werden kann wie durch Karl May. Der eine fühlt sich wie im Himmel auf Erden, wenn er Feenmärchen und Rittergeschichten verschlingt, dem anderen können schon Adreßbücher und Adelskalender genügen.

Die Voraussetzung fürs Lese-Glück muß nur ein Buch sein, auf das ich mich vorbehaltlos einlasse.

Mag ich darin Bekanntes finden oder Fremdes, mag es mir Identifikationsmöglichkeiten bieten oder aber auch die Chance, die Identität zu wechseln, mag es mich erheitern oder traurig stimmen, wichtig ist allein, daß ich lese – einfach so nach dem Lustprinzip.

Lese-Glück kann mit Zufällen beginnen, ein Koffer voller Reclamhefte, ein altes Buch in einer Schublade, schmale Hefte in der zweiten Reihe im Regal.

Es gibt aber auch vom Lese-Glück Emporgetragene, die ganz gezielt auf Wiederholung ihrer Sternstunden hin leben, seien sie auch von Feinden, von aufreizenden Frauen oder gar von der Hinrichtung bedroht.

Allen sind die Abenteuer im Kopf, die neuen anderen Welten das Entscheidende. Und beglückend und beruhigend zugleich ist die Gewißheit, daß Lese-Glück beliebig wiederholbar ist: Die Geschichten von Winnetou können häufig genossen werden, um David Copperfield kann mehrfach gezittert, über Effi Briest immer wieder geweint werden.

Dazu kommt – o höchstes Lese-Glück – die Entdeckung neuer Nuancen und Feinheiten beim Wiederlesen.

Lesen ist ein schier unendliches Vergnügen. Wer einmal das Glück erlebte, sich in einem Buch zu verlieren, wer „beschneit“ wurde von der Geschichte, die er mit glühenden Wangen las, wer Lese-Glück und die Lust am Lesen erfuhr, der kann nicht mehr darauf verzichten. Er wird zum Lesesüchtigen!

Diese Sucht ist nicht gesundheitsschädlich, sondern steigert das Lebensgefühl, trägt zur menschlichen Umfeldverbesserung bei – Leser sind friedliche Menschen – und ist hoffentlich ansteckend.

Karl Wolfskehl

Lobgesang

Büchern bin ich zugeschworen,
Bücher bilden meine Welt,
Bin an Bücher ganz verloren,
Bin von Büchern rings umstellt.

Zärter noch als Mädchenwangen
Streichl' ich ein geliebtes Buch,
Atme bebend vor Verlangen
Echten Pergamentgeruch.

Inkunabeln, Erstausgaben,
Sonder-, Luxus-, Einzeldruck:
Alles, alles möcht' ich haben
Nicht zum Lesen, bloß zum Guck!

Bücher sprechen ungelesen
Seit ich gut mit Büchern stand
Weiß ich ihr geheimstes Wesen:
Welch ein Band knüpft mancher Band!

Bücher, Bücher, Bücher, Bücher
Meines Lebens Brot und Wein!
Hüllt einst nicht in Leichentücher
Schlagt mich in van Geldern ein!

Jakob Haringer

O feines, zartes und heiteres Glück: lesen!

Wo sind die Menschen, die jahrelang auf dich warten bis du kommst, bis sie endlich dich gefangen nehmen, bezaubern und doch – dich reich, groß und frei machen dürfen? Die Einzigen, die deine Liebe lohnen, die immer da sind dich zu trösten, die immer auf dich warten: die Bücher.

O feines, zartes und heiteres Glück: lesen! Du sitzt unter Menschen, einsam lächelnd über ihr Treiben. Du denkst: wär ich fort, wär ich allein bei meinen Büchern – bei ihren Sehnsüchten, Träumereien und Seligkeiten. Wunderwelten, unerschöpfliche Schätze warten auf mich – meine Bücher. Die Menschen – die Freunde und die Liebste – ihre Weine und ihre Tugend – enttäuschen. Ihre Denkmäler verfallen, ihr Reichtum ist vergänglich, aber ihre Träume überdauern tausend Jahre: in den Büchern.

Ihr grüßt mich: Robinson und Rübezahl. Mit Euch, ihr süßen gruseligen Märchen, steigt die Kindheit wieder vor mir auf: der Knabe, der auf sommerlichen Wiesen über Jean Paul träumte, der vom kargen Taschengeld Bücher kaufte, die er mit sich herumschleppte im Rucksack, in der Manteltasche – überall hin. Er verstand viele nicht, aber er blätterte drin herum und freute sich am bunten Einband und an neuen seltsamen Worten. Glück: Bücher aufzutreiben, auf den Boden zu schleppen und aufzustapeln. Seligkeit: einsam darin zu wühlen und zu lesen, während der Mairegen auf das Dach prasselte.

Die Sammlung meiner Jugend ging verloren – verloren wie alles, was ich einst mein Eigen nannte. Aber ist nicht jedes Buch, das man entdeckt wie eine Eroberung, die einem niemand wieder rauben kann?

Ich habe seither viele Bücher gekauft auf den Bücherwägen in Berlin, am Quai in Paris, in Kopenhagen, in Wien und in Rom – sie sind alle wieder verschleudert worden in Zeiten der Not.

Aber das Glück der Stunden, in denen ich an den Karren geschmökert habe, in denen ich in Anlagen einsam in der Sonne las, in denen ich im Nachtschnellzug ein neu erworbenes Buch verschlungen habe, das kann man mir nicht mehr nehmen.

Ein Buch, das mir einst Tröster war im Leid, ist wie ein alter Kamerad, den ich freudig begrüße, wenn ich ihn irgendwo in irgendwelcher Gestalt wiedertreffe. Aus dem Buch ist ein lebendes Wesen geworden, leidend, mitleidend, trostreich.

Viele haben ein Zuhause und darin ihren Bücherschrank, aber er ist stets verschlossen. Sie haben immer viel Zeit, aber vor den Büchern haben sie ein wenig Angst.

Oder fürchten die Bücher sich vor ihnen? Ich habe einen Bekannten, der seine liebsten Bücher im Geldschrank aufbewahrt. „Damit kein Staub darauf fällt“, sagt er.

Freilich, manchem haben die Bücher die Jugend genommen und das Leben. Ach – es wäre besser, man bliebe ein Kind und träumte über dunklen Büchern von der Welt.

Ich habe keine Wünsche, es bleibt doch nichts von allem Besitz, man kann nichts mitnehmen dorthin – gar nichts. Aber ich möchte nicht in den Himmel, wenn dort keine Bücher sind – und wären es nur die Sterne – Gottes ewige Blindenschrift ...

Sara Sef

Die süße Freiheit, um zu lesen

Ich bin gekommen, um Ihnen zu danken und mich zu verabschieden.

Sie wissen ja, was geschehen ist: Ich habe zu lesen gelernt und Gesellschaft in meiner Einsamkeit gefunden, das Schweigen hat sich mit Stimmen angefüllt, die Leere mit Traumbildern bevölkert.

In den Büchern habe ich das gefunden, was ich benötigte, jetzt gehört die Welt mir und darüber hinaus sogar noch ein Stückchen Ewigkeit. Im Gedicht heißt es: „Ich regiere über Drachen, Götter und Monde!"

Ich habe alles erleben können, nichts vom Leben ist mir verlorengegangen. Ich bin quer durch die Zeiten, bin vor und zurückgegangen, habe Landschaften und Inseln erforscht, die Menschen und ihre Geheimnisse, ihre Mißerfolge, ihre Ängste, ihre Worte und ihren Glauben kennenlernen können.

Ich habe ein Leben nur mit meinem Herzen sowie ein Leben ganz im Geist der Vernunft gelebt, doch auch der Zufall mit seinen Überraschungen hat mir nicht gefehlt.

Ich bin in große Romanzen eingetaucht und ebenso in mystische Verzückungen, in revolutionären Kampfgeist und in das Feuer der Poesie. Ich habe mir die Lust vorgestellt, und ich habe nicht nur alle Leidenschaften erlebt, sondern auch die Vielfalt in all ihren Schattierungen.

Einmal war ich Wissenschaftlerin und ein andermal Philosophin, und in beiden Fällen habe ich mir Fragen gestellt und gewußt, wo ich die Antworten zu suchen hatte. Ich ließ mich von der Musik hinreißen, die meine Seele in Aufruhr versetzte, und ging völlig in der

Mutterschaft auf, die mich erfüllte. Ich versuchte mich als reiche, sagenhaft reiche Frau, und ebenso als gänzlich arme, die weniger als das besitzt, was für jedermann heute unentbehrlich wäre. Ich konnte das Land bebauen, das uns ernährt, und ihm die heilige Nahrung entlocken, und ich habe ebenso erfahren, wie das Leben in der unberührten Natur ist, in dem ich mich vom Wind streicheln und von der Sonne gerben ließ. Ich habe in völliger Zurückgezogenheit gelebt, fern von der Welt, und habe auch erfahren, wie es ist, diese Welt nach Lust und Laune zu durchreisen, ohne irgendwo Wurzeln zu schlagen.

Ich habe Treue und Gleichgültigkeit, Zärtlichkeit und Begeisterung, die höchsten Freuden und ebenso die Enttäuschung kennengelernt. Ich war großmütig, jähzornig, entschlossen. Ich war auch furchtsam, unterwürfig und meinem Schicksal ergeben.

Ich habe überall gelebt, wo ich gern leben wollte: in Indien, in Rußland, in Kuba und in New York, am Meeresufer und inmitten der Wüste, in den Straßen der Städte und zwischen den Ähren der Felder. Ich habe gelebt, wann ich wollte: in vergangenen Jahrhunderten sowie in allen möglichen Jahren des laufenden Jahrhunderts. Ich habe gelebt, mit wem ich wollte: zusammen mit einfachen Männern und Frauen sowie an der Seite von Helden. Große Meister haben mich auf dem Weg des Kampfes, auf dem Weg der Lust, auf dem Weg der Kunst und auf dem Weg des Glaubens geleitet.

Ich habe die unglaublichsten Wunderwerke, die erstaunlichsten Geheimnisse, märchenhafte Städte und unvorstellbare Schätze gesehen.

Ich habe von Speisen gekostet, die mit den fremdartigsten Gewürzen zubereitet waren, und ebenso von Früchten und Süßspeisen von sonderbarem Geschmack. Ich habe auf meiner Haut Duftöle, Parfums und Stoffe gespürt, von deren Existenz ich noch nicht einmal etwas geahnt hatte, ich prägte mir Metaphern über Dinge ein, die ich noch nicht gesehen habe und von denen ich nicht weiß, ob ich sie jemals sehen werde, ich habe zu Gottheiten gebetet, deren Namen mir unbekannt sind, und habe mich in Sprachen verständigt, von denen ich nicht einmal ein einziges Wort auch nur aussprechen könnte.

Ich bin durch das Land gereist, in dem die Orangen blühen, und durch das Land der blauen Berge, ich bin dort gewesen, wo der Schnee die Berghänge bedeckt und dort, wo der Himmel leuchtend klar ist. Ich habe zu Füßen einer Birke geschlafen und am grünen, glasklaren Meer. Ich bin durch alte Dörfer gewandert und habe in kaum erleuchteten Kaffeehäusern gewartet. Ich habe Häuser und Brücken gebaut, Steine ins Rollen gebracht.

Und ich bin auch durch das Feuer der Leiden und des Schmerzes gegangen. Ich habe Drogen und Gewalt kennengelernt, Demütigungen erlitten, die die Menschen einander zufügen können, sowie den tiefsten Kummer und bin dem unausweichlichen Tod begegnet.

Und wenn ich während dieser Zeit an einem Tag Seine erhabene Gegenwart vergessen habe, so war ich an einem anderen dagegen eine fromme Gläubige. An einem Tag habe ich gezweifelt und die Hoffnung auf die göttliche Barmherzigkeit aufgegeben, und an einem anderen fand ich schließlich den Weg des Herrn.

Ja, all dies habe ich getan. Ich habe es gewagt, mir die unterschiedlichsten Masken anzulegen und eine andere zu sein, ich habe es gewagt, das Glück zu suchen, als hätte ich ein Recht darauf. Warum auch nicht?

Es gab Zeiten, da habe ich mich nach dem Sinn des Lebens gefragt, und es gab andere, da habe ich es einfach nur gelebt. Es gab Zeiten, da wollte ich aus einem Stück geschnitzt sein, und es gab andere, da bekannte ich mich zu den zahllosen Wesen, die in meiner Brust wohnen, und zu den unzähligen Gestalten, die in meinem Inneren spuken.

Es gab Zeiten, in denen ich nachdachte, Zeiten, in denen ich auf unwegsamen Pfaden wandelte, voll von dem Geröll des Verzichts, es gab Zeiten der Verwirrung und Zeiten, in denen ich begriff, daß wir hier auf Erden sind, um eine Mission zu erfüllen.

Ich habe stürmische Tage erlebt sowie Tage der Ruhe, dann wieder andere, an denen sich alles in atemberaubender Geschwindigkeit veränderte. Ich bin auf vielen Wegen gewandelt und bin in die Tiefen hinabgetaucht. Ich habe zu den Höhen aufgeblickt und habe den Lauf der Flüsse bis zur Quelle zurückverfolgt.

Viele schlaflose Nächte habe ich verbracht, viele schutzlose Nächte, viele Nachmittage mit leeren Händen. Doch habe ich mich vor dem Ertrinken gerettet, ich habe das Feuer in mir brennen gespürt, habe ein Leben im Überdruß gegen ein Leben im Wahnsinn eingetauscht, mein langweiliges Leben gegen ein Leben voller Ausschweifungen, voller Irrwege, voll von Geheimnis, voll von Magie und voller Illusionen, voll vom Unendlichen und dem Absoluten. Haben Sie den Korintherbrief des Heiligen Paulus im Kopf? „So nehmet mich an als einen Thörichten, daß ich mich auch ein wenig rühme."

Wenn ich bei einer Fee alle Wünsche offen hätte, dann würde ich ihr sagen, daß ich nicht mehr begehre, als ich habe, daß ich dort bin, wo ich hingehöre, genau am richtigen Ort im Universum. Schön sind für mich die Tage, und so soll es auch bleiben: Ich bin Hausfrau, ich hege und pflege mein Heim und meine Lieben, ich habe eine Arbeit, die mir Freude bereitet, und ich verfüge über Zeit, über die süße Freiheit, um zu lesen, und diese unerschöpfliche Quelle läßt mich in meinen vier Wänden die wunderbarsten Abenteuer erleben.

Es heißt, niemand besitzt etwas so sehr, wie jener, der es sich erträumt. Es heißt, nur die Träume und die Sehnsüchte sind wahrhaftig. Nun ist die Welt genau so, wie ich sie haben möchte: ein Universum der Verzückung, fünfzig Universen der Verzückung ganz für mich allein. Und es warten noch so viele Wege auf mich.

Ich lebe im Land der Träume, und die, die ich bisher geträumt habe, waren herrlich. Und dafür danke ich Gott.

Anna Seghers

Ich hätte bis zum Morgengrauen lesen können

Aus lauter Langeweile fing ich zu lesen an. Ich las und las. Vielleicht, weil ich bisher noch nie ein Buch zu Ende gelesen hatte. Ich war verzaubert. Nein, darin kann der Grund auch nicht gelegen haben. Das Paulchen hat wirklich recht gehabt. Ich versteh gar nichts davon. Meine Welt ist das nicht. Ich meine aber, der Mann, der das geschrieben hat, der hat seine Kunst verstanden. Ich vergaß meinen Cafard. Ich vergaß meine tödliche Langeweile. Und hätte ich tödliche Wunden gehabt, ich hätte auch sie im Lesen vergessen. Und wie ich Zeile um Zeile las, da spürte ich auch, daß das meine Sprache war, meine Muttersprache, und sie ging mir ein wie die Milch dem Säugling. Sie knarrte und knirschte nicht wie die Sprache, die aus den Kehlen der Nazis kam, in mörderischen Befehlen, in widerwärtigen Gehorsamsbeteuerungen, in ekligen Prahlereien, sie war ernst und still. Mir war es, als sei ich wieder allein mit den Meinen. Ich stieß auf Worte, die meine arme Mutter gebraucht hatte, um mich zu besänftigen, wenn ich wütend und grausam geworden war, auf Worte, mit denen sie mich ermahnt hatte, wenn ich gelogen oder gerauft hatte. Ich stieß auch auf Worte, die ich schon selbst gebraucht hatte, aber wieder vergessen, weil ich nie mehr in meinem Leben dasselbe gefühlt hatte, wozu ich damals die Worte gebrauchte. Es gab auch neue Worte, die ich seitdem manchmal gebrauche. Das Ganze war eine ziemlich vertrackte Geschichte mit ziemlich vertrackten Menschen. Ich fand auch, daß einer darunter mir selbst glich. Es ging in dieser Geschichte darum –

ach nein, ich werde Sie lieber nicht langweilen. Sie haben ja in Ihrem Leben Geschichten genug gelesen. Für mich war es sozusagen die erste. Ich hatte ja übergenug gelebt, aber nie gelesen. Das war nun wieder für mich etwas Neues. Und wie ich las! Es gab, wie gesagt, in dieser Geschichte einen Haufen verrückter Menschen, recht durchgedrehtes Volk, sie wurden fast alle in üble undurchsichtige Dinge verwickelt, selbst die, die sich sträubten. So hatte ich nur als Kind gelesen, nein, zugehört. Ich fühlte dieselbe Freude, dasselbe Grauen. Der Wald war ebenso undurchdringlich. Doch es war ein Wald für Erwachsene. Der Wolf war ebenso böse, doch es war ein Wolf, der ausgewachsene Kinder betört. Auch mich traf der alte Bann, der in den Märchen die Knaben in Bären verwandelt hat und die Mädchen in Lilien und drohte von neuen in dieser Geschichte mit grimmigen Verwandlungen. All diese Menschen ärgerten mich nicht durch ihre Vertracktheit, wie sie's im Leben getan hätten, durch ihr blödes Auf-den-Leim-Gehen, durch ihr Hineinschlittern in ein Schicksal. Ich begriff ihre Handlungen, weil ich sie endlich einmal verfolgen konnte von dem ersten Gedanken ab bis zu dem Punkt, wo alles kam, wie es kommen mußte. Nur dadurch, daß sie der Mann beschrieben hatte, erschienen sie mir schon weniger übel, sogar der, der mir selbst aufs Haar glich. Sie waren alle klar und lauter, als hätten sie alle schon abgebüßt, als wären sie schon durch ein Fegefeuerchen durchgegangen, durch einen kleinen Brand, durch das Gehirn dieses toten Mannes. Und plötzlich, so in den dreihunderter Seiten, brach alles für mich ab. Ich erfuhr den Ausgang nie. Die Deutschen waren nach Paris gekommen, der Mann hatte alles zusammengepackt, seine paar Klamotten, sein Schreibpapier. Und mich vor dem letzten fast leeren Bogen allein gelassen. Mich überfiel von neuem die grenzenlose Trauer, die tödliche Langeweile. Warum hat er sich das Leben genommen? Er hätte mich nicht allein lassen dürfen. Er hätte seine Geschichte zu Ende schreiben sollen. Ich hätte bis zum Morgengrauen lesen können. Er hätte noch weiterschreiben sollen, zahllose Geschichten, die mich bewahrt hätten vor dem Übel. Wenn er mich rechtzeitig gekannt hätte! Nicht diesen Narren, das Paulchen, der mir alles eingebrockt hatte. Ich hätte ihn angefleht, am Leben zu bleiben. Ich hätte ihm ein Versteck gefunden. Ich hätte ihm Essen und Trinken gebracht. Jetzt aber war er tot. Zwei Schreibmaschinenzeilen auf dem letzten großen Bogen. Und ich allein! So elend wie nie zuvor.

Kurt Tucholsky

Das Richtige ist: das intensive Buch

„Und wenn alles aus ist ..."

Es ist niemals alles aus. Alles geht weiter – eine sehr schmerzliche Erfahrung, die man erst ziemlich spät lernt. Alles geht weiter. Was aber, wenn es doch weiter geht, und man denkt, alles sei aus ... was dann?

Manche betrinken sich. Es steht einer Dame nicht wohl an, sich zu betrinken – wir sind doch hier nicht in Amerika. Nun, also dann: eine neue Liebe? Nie wieder Liebe –! In den Romanen der neunziger Jahre vergaßen die Heldinnen im „Strudel des rauschenden und eleganten Vergnügungslebens" ihren Kummer – aber wo strudelt es denn heute schon und noch? Dann gibt es also nur ein Mittel, nein zwei.

Das eine ist: Narkose durch Bücher. Durch welche Bücher kann man das Leid betäuben? Das kommt auf die zu Betäubende an.

Ist es eine sehr kluge, eine sehr gebildete, eine sehr intellektuell trainierte Dame, dann mag es wohl sein, daß sie zu den Klassikern greift – zu deutschen oder zu französischen oder zu englischen; in diesen Büchern steht gewöhnlich immer ein Teil mehr, als man bei der ersten Lektüre herausgelesen hat. Man kann zum Beispiel in den Swift auch viel hineinlesen; das kann man nicht bei jedem Buch ... Aber das ist noch nicht das Richtige.

Das Richtige ist: das intensive Buch.

Das Buch, dessen Autor dem Leser sofort ein Lasso um den Hals wirft, ihn zerrt, zerrt und nicht mehr losläßt – bis zum Ende nicht, bis zur Seite 354. Lies oder stirb! Dann liest man lieber. (Musterbeispiel dieser

Gattung nicht etwa Wallace, der es ja nunmehr schon etwas reichlich grob treibt, womit nicht gesagt sein soll, daß er es nicht immer so getrieben habe.) – Musterbeispiel: Prinzgemahl von Philip MacDonald. Davon gibt es natürlich viele hundert Beispiele. Betäubt dergleichen –?

Ja, es betäubt; diese Gattung Literatur betäubt. So, wie es gegen Kopfschmerzen ein wirkliches Universalmittel gibt: nämlich starke Zahnschmerzen –: so wird bei der Lektüre dieser modernen Märchenbücher nur ein kleines Feld im Gehirn angestrengt, der Rest ist gelähmt, er ruht ... die Sache mit Martin wagt sich nicht hervor ... für den Augenblick ist sie nicht da ...

Der Autor schleppt die Liebeskranke (gibts!) durch die Dschungel und durch die Unterwelten der großen Städte; es knallt und es brennt; die Heldin stürzt mit rutschendem Büstenhalter aus dem 44. Stockwerk, und unten wartet der Befreier, weiter! weiter! Die Leidende liest weiter. Sie liest, wenn sie allein ist, bei Tisch, zum Kaffee und den ganzen Nachmittag lang – und wenn sie noch so ein Buch hat, auch noch an diesen langen Abenden, die schlaflose Nacht werden wollen, die Stunden wollen nicht enden, der Schlaf kommt nicht ... Er braucht nicht zu kommen. „Mit einem einzigen Blick übersah Jack die Situation. Er ergriff den Konservenbüchsenöffner, der auf dem Tisch lag und stürzte sich auf den Chinesen ..."

Faul wird die Sache nur dann, wenn in diesem Rumor plötzlich ein Kerl auftaucht, der zufällig Martin heißt. Martin ...

Dann läßt sie das Buch sinken, und der ganze Kram ist wieder da. Hat er sich nicht gemein benommen? Er hat sich gemein benommen. Hätte ich mich anders benehmen können? Ich hätte mich nicht anders benehmen können! Hätte ich ihm den Brief ... hätte er mir den Brief ... hätten wir uns die Briefe ... äh!

Einer, der Martin heißt, darf also nicht vorkommen. Aber sonst sind diese Bücher bunte Oasen, in die die Leserin aus der Wüstenei flieht, wo man sie so grimmig enttäuscht hat ...

Und es muß nicht immer unglückliche Liebe sein (gibts!). Da ist die Rekonvaleszenz: die süße Mattigkeit, die Zeit, in der sie alle gut zu einem sind und so leise und so rücksichtsvoll ... ach, daß sie ewig grünen bliebe, die schöne Zeit ...! Da sind dann mildere Bücher am Platze – aber gut geschrieben müssen sie sein und sanft und hinreißend (Musterbeispiel: Raucat Die ehrenwerte Landpartie, bei Erich Reiß erschienen). Glatt wie Öl geht dir das ein, die Seiten wenden sich so lind um, die Erzählung fließt sanft dahin, unaufhaltsam, man muß nicht alles so genau verstehen, lesen genügt auch ... die Zeit vergeht ... die Krankheit entweicht ... die Gesundheit wächst langsam ... Kummer und Elend liegen grollend in der Ecke, niemand kümmert sich um sie, und das bekommt ihnen schlecht; denn das Unglück ist eine eitle Frau und will hofiert sein. Beachtet man es nicht, dann stirbt es.

Wer wird denn Kokain schnupfen, dieses Stimulans unserer Großmütter aus der Inflation! Bücher sind auch sehr schön. Aber es müssen die richtigen Bücher sein. Und so ist es denn das Beste, wenn die Dame den Herrn Martin gleich zu Beginn ihrer Beziehungen fragt: „Sag mal – was rätst du mir zu lesen, wenn wir uns gezankt haben?“ Wenn er so nett ist, sagt er’s. Das wäre das eine Mittel, um den Kummer zu vergessen.

Es gibt aber noch ein zweites.

Arbeit ist auch nicht schlecht.

Robert Walser

Ein Buch bezaubert, beherrscht uns

Lesen ist ebenso nützlich wie reizend. Wenn ich lese, bin ich ein harmloser, stiller netter Mensch und begehe keine Torheiten. Eifrige Leser sind sozusagen ein stillvergnügtes Völkchen. Der Leser hat seinen hohen tiefen, langanhaltenden Genuß, ohne daß er jemandem im Weg ist oder jemandem etwas zu leid tut. Ist das nicht vortrefflich? Das will ich meinen! Wer liest, der ist weit davon entfernt, böse Pläne zu schmieden. Eine anziehende und unterhaltende Lektüre hat das Gute, daß sie uns zeitweise vergessen macht, daß wir böse, streitsüchtige Menschen sind, die einander nicht in Ruhe lassen können. Wer vermöchte diesem freilich ziemlich traurigen, wehmuteinflößenden Satz zu widersprechen? Gewiß lenken uns Bücher oft auch von nützlichen und dienlichen Handlungen ab; im großen und ganzen muß aber dennoch das Lesen als segensreich gepriesen werden, denn es erscheint durchaus nötig, daß sich unserem ungestümen Erwerbstrieb eine Bändigung und unserem oft rücksichtslosen Tatendrang eine Betäubung sanft entgegenstellt. Ein Buch ist gewissermaßen eine Fessel; man spricht nicht umsonst von fesselnder Lektüre. Ein Buch bezaubert, beherrscht uns, hält uns in seinem Bann, übt also Macht auf uns aus, und wir lassen uns eine derartige Gewaltherrschaft gern gefallen, denn sie ist eine Wohltat. Wen ein Buch für einige Zeit fesselt, der benützt diese Zeit nicht dazu, um über seinen lieben Nebenmenschen einen Klatsch zu veranstalten, was ein sehr großer und grober Fehler ist. Reden, das nichts fruchtet, ist stets ein Fehler. Wer eine Zeitung in der Hand hält und emsig darin liest, gilt fast schon darum als ein guter Bürger. Wer Zeitung liest, der schimpft, prahlt und flucht nicht, und schon deshalb ist Zeitunglesen ein wahrer Segen, das dürfte klar auf der Hand liegen. Ein Leser sieht immer proper, nett, ehrbar und höchst anständig aus.

Jane Austen

Ich bin ganz hingerissen von dem Buch!

Der schnelle Fortschritt der Freundschaft zwischen Catherine und Isabella entsprach ihrem begeisterten Anfang, und sie durcheilten alle Stufen zunehmender Zärtlichkeit mit solcher Geschwindigkeit, daß sie bald weder einander noch ihren Freunden einen neuen Beweis davon zu geben brauchten. Sie nannten sich mit Vornamen, gingen nur noch Arm in Arm, steckten sich gegenseitig die Schleppe hoch und wollten beim Tanzen unbedingt in derselben Reihe stehen; und wenn ein verregneter Vormittag sie anderer Vergnügungen beraubte, bestanden sie darauf, sich trotz Nässe und Schmutz zu treffen, und schlossen sich ein, um gemeinsam Romane zu lesen.

(...) Die folgende Unterhaltung, die eines Vormittags in der Brunnenhalle zwischen den beiden Freundinnen stattfand, als sie sich etwa acht oder neun Tage kannten, soll als Beispiel für die herzliche Zuneigung, den zartfühlenden, diskreten und originellen Gedankenaustausch und den anspruchsvollen literarischen Geschmack gelten, die einen Beweis dafür bilden, wie verständig ihre Beziehung war.

Sie waren verabredet, und da Isabella fast fünf Minuten vor ihrer Freundin eingetroffen war, eröffnete sie das Gespräch natürlich mit: „Liebste Freundin, was hat dich denn so aufgehalten? Ich warte hier schon mindestens eine Ewigkeit auf dich!"

„Wirklich! Das tut mir sehr leid, aber ich dachte, ich wäre pünktlich. Es ist doch gerade erst eins. Hoffentlich hast du nicht zu lange warten müssen?"

„Oh, mindestens eine Ewigkeit. Eine halbe Stunde bestimmt. Aber jetzt komm, wir setzen uns am anderen Ende der Halle hin und amüsieren uns. Ich muß dir tausend Sachen erzählen. Zunächst einmal, ich fürchtete, es würde heute morgen regnen, als ich gerade losgehen wollte; es sah so nach einem Schauer aus, und das hätte mich zur Verzweiflung gebracht! Stell dir vor, ich habe gerade eben einen wunderhübschen Hut in einem Fenster in der Milsom Street gesehen – fast genau wie deiner, nur mit einem lachsfarbenen Band, statt mit einem grünen; ich hätte ihn liebend gerne gekauft. Aber liebste Catherine, was hast du denn den ganzen Vormittag getrieben? Hast du Udolpho weitergelesen?"

„Ja, seit ich wach bin, und ich bin bis zum schwarzen Vorhang gekommen."

„Wirklich? Wie zauberhaft! Oh, um nichts in der Welt würde ich dir verraten, was hinter dem schwarzen Vorhang ist! Bist du nicht ganz wild darauf?"

„Oh! Ja, natürlich, was kann es bloß sein? Aber verrate nichts, ich will es auf keinen Fall wissen. Ich wette, es ist ein Skelett – es ist bestimmt Laurentinas Skelett. Oh! Ich bin ganz hingerissen, von dem Buch! Ich möchte am liebsten gar nicht wieder aufhören. Glaub mir, wenn wir nicht verabredet gewesen wären, hätte ich mich um nichts in der Welt davon getrennt."

„Meine liebste Freundin! Wie dankbar bin ich dir dafür; und wenn du Udolpho durchhast, lesen wir gemeinsam den Italiener, und ich habe schon eine Liste mit zehn oder zwölf ähnlichen Titeln für dich zusammengestellt."

„Wirklich! Wie mich das freut! Wie heißen sie denn alle?"

„Ich lese dir die Titel gleich vor; hier sind sie, in meinem Notizbuch: Burg Wolfenbach, Clermont, Geheimnisvolle Warnungen, Der Magier aus dem

Schwarzwald, Mitternachtsglocke, Die Waise vom Rhein und Gruselige Geheimnisse. Die halten ein Weilchen vor."

„Ja, ganz bestimmt, aber sind sie auch alle gruselig, weißt du bestimmt, daß sie so richtig gruselig sind?"

„Ja, ganz bestimmt, denn eine gute Freundin von mir, eine Miss Andrews, ein reizendes Mädchen, eins der reizendsten Geschöpfe der Welt, hat sie einen nach dem anderen gelesen.

(...) Oh! Ich muß dir noch erzählen, gerade als wir uns gestern getrennt hatten, sah ich, wie ein junger Mann dich ganz ernsthaft ansah – er ist bestimmt in dich verliebt." Catherine errötete und protestierte wieder. Isabella lachte: „Es ist wahr, Ehrenwort, aber ich durchschaue dich, dir sind die Männer alle ganz egal, außer der eine, und der bleibt ungenannt. Nein, ich kann dir keine Vorwürfe machen" (sie sprach ernsthafter), „deine Gefühle sind leicht zu erraten. Ich weiß genau, wie wenig einem an den Aufmerksamkeiten anderer liegt, wenn das Herz wirklich gesprochen hat. Alles, was nicht mit dem Geliebten zu tun hat, kommt einem so stumpfsinnig, so uninteressant vor. Ich weiß genau, wie dir ums Herz ist."

„Aber du sollst mich nicht dazu bringen, so viel an Mr. Tilney zu denken, denn vielleicht sehe ich ihn nie wieder."

„Ihn nicht wiedersehen! Meine liebste Freundin, sei still. Mit solchen Gedanken machst du dich nur unglücklich."

„Nein, durchaus nicht. Ich will nicht so tun, als ob er mir nicht sehr gut gefallen hat. Aber solange ich Udolpho habe, kommt es mir vor, als ob mich niemand unglücklich machen könnte. Oh! Der furchtbare schwarze Vorhang! Meine liebe Isabella, dahinter ist doch bestimmt Laurentinas Skelett."

Miguel de Cervantes Saavedra

Er füllte sich den Kopf mit allem an, was er in seinen Büchern fand

Der Held unsrer Geschichte wohnte vor nicht gar langer Zeit in einem Dorfe der Mancha, auf dessen Namen ich mich nicht besinnen mag; er gehörte zu jenen, die einen Spieß und eine alte Tartsche im Waffenschrank haben, einen dürren Klepper im Stall und ein Windspiel zur Jagd. Mittags eine Suppe, in der mehr Kuh- als Hammelfleisch war, abends gewöhnlich ein Ragout, Sonnabends Rührei mit Hirn, Freitags Linsen und Sonntags als Zugabe noch eine Taube – das verzehrte volle drei Viertel seines Einkommens. Der Rest ging drauf für ein Wams aus feinem Tuch, für Festtagshosen und Pantoffeln aus Samt und für einen Alltagsrock, der aus dem feinsten einheimischen Bauerntuch bestand. Bei ihm lebten eine Haushälterin, die über die Vierzig hinaus war, eine Nichte, die die Zwanzig noch nicht erreicht hatte, und ein Bursche für Feld und Haus, der den Klepper sattelte und mit der Gartenschere hantierte.

Das Alter unseres Junkers streifte hart an die Fünfzig; er hatte eine gute Konstitution, einen hageren Leib, ein ausgemergeltes Gesicht, war ein großer Frühaufsteher und ein Liebhaber der Jagd. Manche geben als seinen Zunamen Quixada oder Quesada an, doch die Autoren, die seiner gedenken, sind sich darüber nicht einig; am wahrscheinlichsten dünkt mich die Vermutung, daß er Quixano hieß. Doch tut das wenig zu unserer Geschichte. Genug, daß sie sich in keinem Punkte von der Wahrheit entfernt.

Nun aber muß man wissen, daß sich besagter Junker, sooft er nichts zu tun hatte, das heißt, den größten

Teil des Jahres hindurch, damit beschäftigte, Ritterbücher zu lesen, und zwar mit solchem Eifer und Behagen, daß er darüber die Jagd und selbst die Verwaltung seines Vermögens vergaß. Wißbegierde und Leidenschaft gingen bei ihm darin so weit, daß er manchen schönen Acker veräußerte, um Ritterbücher zu kaufen, in denen er lesen konnte; und er brachte, soviel er ihrer nur auftreiben konnte, in seinem Hause zusammen. Am besten von allen gefielen ihm die Werke des berühmten Feliciano de Sylva. Der Glanz seiner Prosa mit ihren Spitzfindigkeiten schien ihm von unvergleichlicher Herrlichkeit, und am höchsten stieg sein Entzücken, wenn er zu zärtlichen Klagen und Liebesbriefen kam, in denen er dann oftmals lesen konnte: „Der Sinn des Widersinns, den Ihr meinen Sinnen antut, schwächt mir die Sinne dermaßen, daß ich nicht ohne Sinn über Eure Schönheit Klage führe"; oder: „Die hohen Himmel Eurer Göttlichkeit, die Euch göttlich mit den Sternen zieren und Euch zur Verdienerin der Verdienste machen, die Eure Hoheit verdient". Ob solcher Reden verlor der arme Ritter den Verstand. Er mühte sich ab, sie zu verstehen und einen Sinn aus diesem Wirrwarr herauszufinden, über den selbst Aristoteles vergeblich gegrübelt hätte, wäre er auch eigens zu diesem Zweck auferstanden. Nicht ganz kam er über die Wunden ins klare, die Don Belianis austeilte und empfing; denn so große Meister der Kunst die Wundärzte, die sie heilten, auch sein mochten, so mußte er schließlich doch den ganzen Leib und das Gesicht voller Narben und Wundmale haben. Indessen lobte er es sehr an diesem Schriftsteller, daß er sein Buch mit dem Versprechen eines unmöglichen Abenteuers beschloß; und oft kam ihn der Wunsch an, selbst zur Feder zu greifen und den Faden, den jener Autor eingefädelt, zu Ende zu spinnen, buchstäblich so, wie er dort versprochen wird. Er hätte es unstreitig auch getan, ja, es wäre ihm sogar gelungen, wenn ihn nicht wichtigere Gedanken, die ihn unablässig beschäftigten, daran gehindert hätten. Zuweilen geriet er mit dem Pfarrer seines Dorfes – einem gelehrten Manne, der zu Siguenza als Lizentiat graduiert worden war – in Streit, ob Palmerin von England oder Amadis von Gallien ein beßrer Ritter gewesen sei. Aber Meister Nikolas, der Dorfbarbier, erklärte, keiner von beiden reiche dem Sonnenritter das Wasser; und könne sich irgend jemand ihm vergleichen, so sei es Don Galaor, des Amadis von Gallien Bruder; der wisse sich in alles zu finden; er sei auch kein solcher löschpapierner Ritter und Jammermann wie sein Bruder, und was die Tapferkeit anbelange, so gebe er es ihm nicht im geringsten nach.

Kurz, der gute Junker versank so tief in seine Lektüre, daß er die Nächte von Untergang bis Aufgang und die Tage von Aufgang bis Untergang damit zubrachte und sich endlich durch zu viel Lesen und zu wenig Schlaf das Gehirn so ausdörrte, daß er den Verstand verlor. Er füllte sich den Kopf mit allem an, was er in seinen Büchern fand, als da sind: Verzauberungen, Fehden, Schlachten, Herausforderungen, Wunden, Zärtlichkeiten, Liebeshändel, Seestürme und andre Tollheiten mehr; und so tief arbeitete er sich hinein, daß ihm endlich dieser Wust von Hirngespinsten, den er las, als die verbürgteste Geschichte von der Welt erschien. Cid Ruy Diaz, so sagte er, sei ein ganz guter Ritter, aber bei weitem komme er dem Ritter vom flammenden Schwert nicht gleich, der auf einen Hieb zwei grimme, ungeheure Riesen gespalten habe. Besser stand er zu Bernardo del Carpio; denn der hatte bei Roncesvalles den gefeiten Roland erschlagen und sich dabei den Kunstgriff des Herkules zunutze gemacht, der einst Antäus, den Sohn der Erde, in seinen Armen erdrückte. Viel Gutes wußte er vom Riesen

Morgante zu sagen, weil er, obwohl ein Sprößling jener übermütigen und groben Riesenbrut, doch stets freundlich und manierlich gewesen sei. Über alle ging ihm Reinald von Montalban, zumal wenn er ihn im Geiste aus seiner Burg ausreiten und alle plündern sah, die ihm begegneten, oder wenn er von drüben über das Meer her Mohammeds Bildsäule holte, die aus lauterem Golde war, wie seine Geschichte berichtete. Um den Verräter Ganelon nur einmal nach Herzenslust mit Füßen treten zu können, hätte er gern seine Haushälterin verschenkt und die Nichte noch in den Kauf gegeben.

Endlich, als sein Verstand völlig auf die Neige ging, geriet er auf den seltsamsten Einfall, den je ein Narr in der Welt gehabt haben konnte. Es schien ihm nämlich angemessen und nötig, sowohl zur Verherrlichung seines eignen Namens, wie auch zu Nutz und Frommen des Gemeinwesens, daß er selbst ein fahrender Ritter werde und mit Wehr und Roß die ganze Welt durchziehe, um Abenteuer aufzusuchen und all das zu bestehen, was, wie er gelesen hatte, fahrende Ritter zu üben pflegten: allem Unrecht zu steuern und sich in Fährnisse und Schwierigkeiten zu stürzen, durch deren Überwindung er sich ewigen Ruhm und Glanz zu erwerben hoffte. Schon sah der arme Mann als Preis für die Tapferkeit seines Arms zum wenigsten die Kaiserkrone von Trapezunt auf seinem Haupte; und in solchen angenehmen Träumen, berauscht von dem wundersamen Glück, dessen Gunst er im voraus genoß, eilte er, so sehr er konnte, seine Sehnsucht zu verwirklichen.

Christoph Martin Wieland

Er würde die ganze Nacht durch gelesen haben

Zum Unglück für seine Vernunft befanden sich unter den Büchern, womit eine große Kammer des Hauses angefüllt war, eine Menge Feenmärchen, wovon Don Pedro ein großer Liebhaber gewesen war, ob er gleich von seiner weisen Schwester wegen seines Geschmacks an solchen unnützen Possen, wie sie es nannte, nicht selten angefochten wurde. Denn in so großem Ansehen die Ritterbücher bey ihr standen, welche sie mit den Kroniken, Historien und Reisebeschreibungen in Eine Klasse setzte, so verächtlich waren ihr all diese kleinen Spiele des Witzes, die bloß zur Unterhaltung der Kinder oder zum Zeitvertreib der Erwachsenen geschrieben werden, und meistens durch nichts als die angenehme Art der Erzählung Personen von Geschmack sich empfehlen können.

Don Pedro gestand ihr willig ein, daß es Schäckereyen seyen: aber sie vertreiben mir, sagte er, doch manche langweilige Stunde; je schnakischer die Einfälle sind, die der närrische Kerl, der Autor, auf die Bahn bringt, desto mehr lach' ich, und das ist alles, was ich dabey suche.

Die weise Donna Mencia – welche, wie alle wunderliche Leute, nur ihre eigenen Grillen vernünftig fand – ließ sich zwar durch diese Antwort nicht befriedigen; allein die Arabischen und Persischen Erzählungen, die Novellen und die Feenmährchen bleiben nichts desto weniger in ruhigem Besitz ihres Platzes in der Bibliothek; und da sie meistens nur in blaues Papier geheftet waren, so verbargen sie sich so bescheiden hinter die ehrwürdigen Folianten und Quartbände der Donna

Mencia, daß sie nach dem Tode des alten Ritters in kurzem gänzlich vergessen wurden.

Doch vermuthlich wollte die Fee, die sich in das Schicksal des jungen Sylvio mischte, nicht zugeben, daß er seine Bestimmung verfehlen sollte. Denn da er einst in Abwesenheit seiner Tante, deren Ernsthaftigkeit und ewige Sittenlehren ihm sehr beschwerlich zu werden anfingen, in der Bücherkammer herumstöberte, um sich etwas zur Zeitkürzung auszusuchen; so gerieth er, es sey nun von ungefähr oder durch den geheimen Antrieb der besagten Fee, auf ein starkes Heft von Feenmährchen. Er steckte es voller Freude zu sich, und zog sich so geschwind er konnte in den Garten zurück, um den Werth seines Funds ungestört erkundigen zu können; denn es schwante ihm schon beym Anblick der Titel, daß es sehr angenehme Sachen seyn müßten.

Die Kürze dieser Erzählungen war das erste, wodurch sie ihm gefielen; so sehr war er der dicken Folianten müde, woraus er seiner Tante täglich etliche Stunden lang vorlesen mußte. So bald er aber eine oder zwey davon durchlesen hatte, war nichts dem Vergnügen zu vergleichen, das er dabey empfand, und der Gierigkeit, womit er alle die übrigen verschlang.

Ein gewisser Instinkt, der auch die einfältigsten unter den jungen Leuten lehrt, was sie ihren Aufsehern sagen dürfen oder nicht, warnte ihn, seine liebe Tante nichts von der gemachten Entdeckung merken zu lassen. Allein der Zwang, den er sich hierüber anthun mußte, machte ihm die Feen nur desto lieber: und er würde die ganze Nacht durch gelesen haben, wenn man (wie Tasso ehemahls in seiner Gefangenschaft wünschte) bey den Augen einer Katze lesen könnte. Denn die Vorsicht der Donna Mencia für seine Gesundheit – und für die Ersparung der Kerzen hatte ihm, schon von langem her, die Mittel zu gelehrten Nachtwachen benommen.

Dafür aber war er, so bald der Tag anbrach, schon wieder munter; er nahm sein Heft unter seinem Hauptküssen hervor, durchlas mit fliegenden Blicken ein Mährchen nach dem andern, und wie er mit der ganzen Sammlung fertig war, fing er wieder von vorn an, ohne es müde zu werden. So oft er konnte, begab er sich in den Garten oder in den angrenzenden Wald, und nahm seine Mährchen mit. Die Lebhaftigkeit, womit seine Einbildungskraft sich derselben bemächtigte, war außerordentlich: er las nicht, er sah, er hörte, er fühlte. Eine schönere und wundervollere Natur, als die er bisher gekannt hatte, schien sich vor ihm aufzuthun, und die Vermischung des Wunderbaren mit der Einfalt der Natur, welche der Karakter der meisten Spielwerke von dieser Gattung ist, wurde für ihn ein untrügliches Kennzeichen ihrer Wahrheit.

Dieser Punkt fand desto weniger Schwierigkeit bey ihm, da er durch seine bisherige Lebensart vollkommen dazu vorbereitet war. Denn seit dem Anfang seiner Studien, der mit Ovids Verwandlungen gemacht wurde, war ihm bisher kein einziges Buch in die Hand gekommen, das ihm richtigere Begriffe hätte geben können. Im Gegentheil hatten verschiedene Schriftsteller aus den Zeiten, da die Pythagorisch-kabalistische Filosofie durch ganz Europa in Ansehen stand, durch ihre systematischen Träumereyen von planetarischen und elementarischen Geistern, von Beschwörungen, geheimnißvollen Zahlen und Talismanen, und von jener vorgeblichen Weisheit, die ihren Besitzer zum Meister der ganzen Natur machen könne, ihm so sehr in seinen Einbildungen befestiget, daß selbst die wundervolle Haselnuß der Prinzessin Babiole, und das Stück Leinewand von vierhundert Ellen, welches der Liebhaber der weißen Katze aus einem Hirsenkörnlein auspackte, und sechsmahl durch das feinste Nadelöhr zog, in seinen Augen nichts unbegreifliches hatten.

Es hinderte ihn also nichts, sich dem Vergnügen gänzlich zu überlassen, welches er aus den Feenmährchen schöpfte, von denen er nach und nach unter der Makulatur, die den Boden der Bücherkammer deckte, noch eine große Menge hervorzog, wovon immer eines abenteuerlicher als das andre war, und worin er eine Unterhaltung fand, die er um alle Lustbarkeiten der Welt nicht vertauscht hätte.

Er konnte nicht so vorsichtig seyn, daß seine eben so strenge als scharfsinnige Aufseherin nicht endlich die Ursache seiner häufigen Spaziergänge in das Lustwäldchen entdeckt, und ihm eine sehr scharfe, sehr gelehrte und sehr langweilige Strafpredigt deßwegen gehalten hätte. Allein das diente, wie es zu gehen pflegt, zu nichts anderm, als daß Don Sylvio behutsamer wurde, und sich besser in Acht nahm, seine Neigungen und angehenden Entwürfe vor ihr zu verbergen.

(...) Sie mochte also sagen was sie wollte, die Bezauberungen, die Schlösser von Diamanten und Rubinen, die verwandelten oder in Thürme und unterirdische Paläste eingesperrten Prinzessinnen, und die zärtlichen Liebhaber, die unter dem wunderthätigen Schutz einer guten Fee den Nachstellungen einer bösen glücklich entgingen, blieben im gänzlichen Besitz seiner Einbildungskraft; er las nichts andres, er staunte und dichtete nichts andres, er ging den ganzen Tag mit nichts anderm um, und träumte die ganze Nacht von nichts anderm.

Italo Calvino

Beim Lichte einer Laterne las er auch in der Dunkelheit noch weiter

Cosimo begab sich wieder auf den Nußbaum und setzte die Lektüre des „Gil Blas" fort. Gian dei Brughi umklammerte immer noch den Ast, bleich bis auf Haare und Bart, die struppig und rot waren (genau wie Heidekraut, das bei uns brughi genannt wird) und verfilzt mit trockenen Blättern, Kastanienschalen und Fichtennadeln. Er musterte Cosimo mit zwei grünen, runden und verstörten Augen; häßlich, er war häßlich.

„Sind sie weg?" fragte er schließlich.

„Ja, gewiß", sagte Cosimo liebenswürdig. „Sind Sie der Brigant Gian dei Brughi?"

„Woher kennen Sie mich?"

„Nun so, vom Hörensagen."

„Und sind Sie es, der niemals von den Bäumen herunterkommt?"

„Ja. Woher wissen Sie das?"

„Nun, auch vom Hörensagen."

Sie betrachteten einander achtungsvoll wie zwei prominente Persönlichkeiten, die sich zufällig getroffen haben und zufrieden sind, daß einer dem anderen nicht unbekannt ist.

Cosimo wußte nicht, was er weiter sagen sollte, und setzte seine Lektüre fort.

„Was lesen Sie da Schönes?"

„Den ‚Gil Blas' von Lesage."

„Ist es gut?"

„O ja."

„Haben Sie noch lange dran zu lesen?"

„Warum fragen Sie? Na, noch etwa zwanzig Seiten."

„Weil ich Sie bitten wollte, es mir zu leihen, wenn Sie fertig sind!“

Er lächelte etwas verlegen. „Sehen Sie, ich muß mich tagelang versteckt halten und weiß nie, was ich tun soll. Hätte ich doch nur zuweilen ein Buch, sage ich mir. Einmal habe ich eine Kutsche angehalten; es war nicht viel zu holen, aber ein Buch war dabei, das hab ich genommen. Ich hab es hier heraufgeschleppt, versteckt unter dem Wams; die ganze übrige Beute hätte ich hingegeben, nur um dieses Buch zu behalten. Abends zünde ich die Laterne an, will zu lesen anfangen ... da war es Lateinisch! Ich verstand kein einziges Wort ...“

Er schüttelte den Kopf. „Sehen Sie, ich kann kein Latein ...“

„Ja, hol's der Teufel, Latein ist schwer“, bemerkte Cosimo und spürte, daß er unwillkürlich eine Beschützermiene aufsetzte. „Dies hier ist auf französisch ...“

„Französisch, Toskanisch, Provenzalisch, Kastilisch, das kann ich alles“, sagte Gian dei Brughi. „Auch Katalanisch spreche ich etwas: Bon dia! Bona nit! Està la mar mòlt alborotada.“

Nach einer halben Stunde hatte Cosimo das Buch ausgelesen und lieh es Gian dei Brughi.

Auf diese Weise begannen die Beziehungen zwischen meinem Bruder und dem Briganten. Kaum hatte Gian dei Brughi ein Buch gelesen, so eilte er zu Cosimo, um es ihm zurückzugeben, entlieh sich ein anderes, verbarg sich geschwind in seinem geheimen Schlupfwinkel und vertiefte sich in die Lektüre.

Cosimo wiederum erhielt die Bücher durch mich; ich besorgte sie ihm aus der Hausbibliothek, und er gab sie mir zurück, wenn er sie gelesen hatte. Nunmehr behielt er sie länger, da er sie erst selbst las und dann an Gian dei Brughi weitergab; häufig kamen sie jetzt mit aufgerissenem Einband, Schimmelflecken und Schneckenstreifen zurück, da sie der Bandit wer weiß wo zu verwahren pflegte.

An festgesetzten Tagen gaben sich Cosimo und Gian dei Brughi ein Stelldichein auf einem bestimmten Baum, tauschten die Bücher aus, und fort ging's wieder, denn der Wald wurde ständig von Häschern durchkämmt. Dieses so einfache Verfahren war für beide sehr gefährlich: auch für meinen Bruder, der für seine Freundschaft mit diesem Verbrecher bestimmt keine triftigen Gründe hätte vorbringen können. Über Gian dei Brughi war indessen eine solche Lesewut gekommen, daß er einen Roman nach dem anderen verschlang, und da er die ganze Zeit in seinem Versteck hockte, um zu lesen, bewältigte er manche Bücher an einem Tage, zu denen mein Bruder eine Woche gebraucht hatte. In solch einem Fall war nichts zu machen: Er wollte ein neues haben, und wenn nicht gerade der verabredete Tag war, durchstürmte er das Land, erschreckte die Familien in den Weilern und Gehöften und bewirkte, daß sich die ganze Polizeimacht Ombrosas auf seine Spuren heftete.

Cosimo, der ständig von dem Briganten bedrängt wurde, genügten jetzt die Bücher nicht mehr, die ich ihm beschaffen konnte, und so mußte er sich auf die Suche nach anderen Lieferanten machen. Er kannte einen jüdischen Buchhändler, einen gewissen Orbecche, der ihm auch mehrbändige Werke besorgte. Von den Ästen eines Johannisbrotbaumes aus pflegte er an sein Fenster zu klopfen und brachte ihm eben erst erlegte Hasen, Krammetsvögel und Rebhühner im Tausch gegen die Bücher. Doch Gian dei Brughi hatte einen eigenen Geschmack: Man konnte ihm nicht aufs Geratewohl ein Buch geben; anderenfalls brachte er es schon am nächsten Tage zurück, um es auszutauschen. Mein Bruder war in dem Alter, in dem man beginnt, an gehaltvollerer Lektüre gefallen zu finden, aber er mußte sich damit vorsehen, seit ihm Gian dei Brughi „Die Abenteuer des Telemach“ zurückgegeben und ihm gedroht hatte, wenn er noch einmal einen so langweiligen Schinken erhalte, werde er ihm seinen Baum absägen.

Cosimo hätte jetzt am liebsten die Werke, die er selbst in aller Ruhe lesen wollte, von den Büchern geschieden, die er sich nur beschafft hatte, um sie dem Briganten zu leihen. Doch davon konnte keine Rede sein: Auch diese letzteren mußte er wenigstens überfliegen, denn Gian dei Brughi wurde immer anspruchsvoller und mißtrauischer, und bevor er ein Buch in Empfang nahm, wünschte er, daß ihm Cosimo etwas über die Handlung erzähle; wehe, wenn er ihn bei falschen Angaben ertappte! Mein Bruder versuchte, ihn mit leichten Liebesromanen abzuspeisen, worauf ihn der Brigant wütend zur Rede stellte und fragte, ob er ihn etwa für ein einfältiges Weibchen halte. Man konnte nie voraussehen, was für eine Lektüre ihm genehm war.

Kurzum, da ihm Gian dei Brughi ständig das Messer an die Kehle setzte, entwickelte sich Cosimos Lektüre aus einem halbstündigen Zeitvertreib zur Hauptbeschäftigung und zum Zweck des ganzen Tages. Und durch all dieses Bücherwälzen, durch das Urteilen und Vergleichen, durch den Zwang, immer neue Bücher kennenzulernen, hin- und hergerissen zwischen der Lektüre Gian dei Brughis und dem wachsenden eigenen Lesebedarf, wurde Cosimo von einer solchen Leidenschaft für die Literatur und das ganze menschliche Wissen ergriffen, daß ihm die Stunden von Sonnenauf- bis Sonnenuntergang für seine Lesewut nicht mehr genügten; beim Lichte einer Laterne las er auch in der Dunkelheit noch weiter.

Schließlich entdeckte er die Romane Richardsons. Gian dei Brughi gefielen sie. Kaum war er mit einem fertig, wollte er sofort den nächsten haben. Orbecche verschaffte ihm einen ganzen Haufen. Der Brigant war so mit Lesestoff für einen Monat versorgt. Cosimo hatte wieder seinen Frieden und vertiefte sich in die Lebensbeschreibungen Plutarchs.

Derweil lag Gian dei Brughi auf seiner Ruhestätte; die struppigen roten Haare voller trockener Blätter hingen ihm über die Stirn, die grünen Augen röteten sich durch die Anstrengung, und so las er und las, während er die Kinnbacken beim eifrigen Buchstabieren bewegte und einen mit Spucke benetzten Finger in die Höhe hielt, um gleich die nächste Seite umwenden zu können. Während der Lektüre Richardsons zerschmolz er gleichsam in einem Verlangen, das schon seit geraumer Zeit in seiner Seele geschlummert hatte: in der Sehnsucht nach einem regelmäßigen und häuslichen Tageslauf, nach verwandtschaftlichen Beziehungen, nach Familiengefühlen, nach Tugend und Abscheu vor den Bösen und Lasterhaften. Seine ganze Umgebung interessierte ihn nicht mehr und erfüllte ihn mit Widerwillen. Er verließ seine Höhle nur noch, um zu Cosimo zu laufen und ein Buch umzutauschen, vor allem, wenn es sich um einen mehrbändigen Roman handelte und er erst die Hälfte der Geschichte gelesen hatte. So führte er ein absonderliches Leben, ohne sich darüber klar zu sein, welch einen Groll er entfesselt hatte – sogar unter den Bewohnern des Waldes, die einstmals seine treuen Komplicen gewesen waren, es nun jedoch satt hatten, einen untätigen Briganten in ihrer Mitte zu haben, der den ganzen Schwarm der Häscher auf sich zog.

Früher hatten sich alle um ihn geschart, die in unserer Gegend mit der Justiz nicht im reinen waren: mochten sie nun wie jene ambulanten Kupferschmiede die üblichen kleinen Diebstähle – bloße Lappalien – oder wie seine Gefährten, die Banditen, regelrechte

Verbrechen auf dem Kerbholz haben. Bei jedem Diebstahl oder Raub nahmen diese Leute seine Hilfe und Autorität in Anspruch oder benutzten seinen Namen, der in aller Munde war, als Schutz und Schirm, um selbst im dunkeln zu bleiben. Auch diejenigen, die nicht an ihren Anschlägen beteiligt waren, kamen irgendwie auf ihre Kosten, denn der Wald füllte sich mit Diebes- und Schmugglergut jeder Art, das es zu verwerten oder zu verkaufen galt, und alle, die sich dort herumtrieben, fanden Gelegenheit, damit Handel zu treiben. Und wenn einer auf eigene Faust Räubereien beging, ohne daß Gian dei Brughi davon wußte, so bediente auch er sich dieses furchtbaren Namens, um den Überfallenen Angst einzujagen und das Äußerste aus ihnen herauszuholen; denn die Leute lebten in Furcht und Schrecken, meinten bei jedem Spitzbuben, sie hätten Gian dei Brughi oder einen aus seiner Bande vor sich, und schnürten eiligst ihre Geldbeutel auf.

Diese schönen Zeiten hatten lange gedauert; Gian dei Brughi war zu dem Schluß gekommen, daß er sich von seinen Einkünften ernähren könne, und so war er allmählich bequem geworden. Er war der Meinung, alles gehe so weiter wie früher; statt dessen hatte sich die Einstellung der Menschen geändert: Sein Name flößte nun nicht mehr die gleiche Achtung ein.

Wem war Gian dei Brughi jetzt noch von Nutzen? Er hielt sich verborgen, um mit heißen Tränen in den Augen Romane zu lesen; Unternehmungen führte er nicht mehr aus, beschaffte keine Ware mehr, niemand konnte mehr Geschäfte machen, tagtäglich erschienen die Häscher, um ihn zu suchen, und wenn ein armer Teufel auch nur etwas verdächtig aussah, nahmen sie ihn gleich mit auf die Wache. Wenn man überdies noch bedachte, welch eine Versuchung der auf ihn ausgesetzte Kopfpreis bedeutete, so lag es auf der Hand, daß Gian dei Brughis Tage gezählt waren.

Zwei andere Briganten, zwei junge Leute, die unter ihm groß geworden waren und sich nicht mit dem Verlust eines so prächtigen Bandenchefs abfinden konnten, wollten ihm Gelegenheit geben, sich zu rehabilitieren. Sie hießen Ugasso und Bel-Loré und hatten als Jungen zur Bande der kleinen Obstdiebe gehört. Herangewachsen, waren sie nunmehr Straßenräuber geworden.

Sie machten sich also auf, um Gian dei Brughi in seiner Höhle aufzusuchen. Da lag er auf dem Stroh. „Na, was ist denn los?“ fragte er, ohne die Augen von seinem Buch zu heben.

„Wir wollen dir einen Vorschlag machen, Gian dei Brughi!“

„Hm ... was denn?“ brummte der und las weiter.

„Weißt du, wo das Haus Costanzos liegt, des Zolleinnehmers?“

„Ja, ja ... Was? Wie heißt der Zolleinnehmer?“

Bel-Loré und Ugasso sahen einander ärgerlich an. Wenn sie den Banditen nicht von diesem Buch abbrachten, würde er kein einziges Wort kapieren.

„Laß mal das Buch einen Augenblick, Gian dei Brughi! Hör zu!“

Gian dei Brughi umklammerte das Buch mit beiden Händen, richtete sich auf die Knie auf, preßte das Buch an die Brust, ohne es zuzuklappen; dann wurde das Verlangen nach weiterer Lektüre zu stark, und während er es noch immer festhielt, schob er es höher, bis er die Nase hineinstecken konnte.

Bel-Loré hatte einen Einfall. Es war dort ein Spinngewebe mit einer großen Spinne darin. Bel-Loré nahm es mitsamt der Spinne behutsam in die Hand und warf es dann Gian dei Brughi zwischen Buch und Nase. Dieser Unglücksmensch war ein solcher Schlappschwanz geworden, daß ihm sogar eine Spinne Angst einjagte. Er spürte diese zusammengeballten Spinnenbeine und klebrigen Fäden auf seiner Nase, und bevor er noch recht begriffen hatte, was es war, stieß er in seiner Überraschung einen kleinen Schrei aus, ließ das Buch fallen, wedelte mit den Händen vor dem Gesicht herum, während er um sich spuckte und die Augen verdrehte.

Ugasso warf sich zu Boden, und es gelang ihm, das Buch zu ergreifen, bevor Gian dei Brughi einen Fuß darauf gesetzt hatte.

„Gib mir das Buch zurück!“ sagte Gian dei Brughi und versuchte, sich mit der einen Hand von Spinne und Spinngewebe zu befreien und mit der anderen Ugasso das Buch aus der Hand zu reißen.

„Nein, erst mußt du uns anhören!“ sagte Ugasso und versteckte das Buch hinter seinem Rücken.

„Ich las gerade ‚Clarissa‘. Gebt es mir zurück! Es war der Höhepunkt ...“

„Hör zu! Wir bringen heute abend eine Ladung Holz in das Haus des Zolleinnehmers. Statt des Holzes steckst du in dem Sack. Wenn es dunkel ist, kommst du dann aus dem Sack heraus.“

„Ich möchte ‚Clarissa‘ zu Ende lesen!“ Es war ihm gelungen, die letzten Reste des Spinngewebes von seinen Händen zu entfernen; nun wollte er mit den beiden jungen Männern einen Ringkampf beginnen.

„Hör zu! Nachts kommst du aus dem Sack heraus, mit zwei Pistolen in der Hand, und läßt dir vom Zolleinnehmer die ganzen Wocheneinnahmen herausgeben; er verwahrt sie am Kopfende seines Bettes ...“

„Laßt mich doch wenigstens das Kapitel auslesen! Seid doch so lieb ...“

Die beiden jungen Burschen mußten an die Zeiten zurückdenken, da Gian dei Brughi dem ersten besten, der ihm zu widersprechen wagte, zwei Pistolen auf die Brust gesetzt hätte. Diese Erinnerung stimmte sie wehmütig. „Du holst also die Geldsäcke, abgemacht?“

bedrängten sie ihn bekümmert. „Bringst du sie uns, geben wir dir das Buch zurück; dann kannst du so viel lesen, wie du Lust hast. Bist du einverstanden? Gehst du hin?"

„Nein, ich bin nicht einverstanden. Ich gehe nicht!"

„Was, du gehst nicht, du willst also nicht ... dann sieh dir mal das an!" Damit packte er eine Seite der letzten Hälfte des Romans („Nein!" schrie Gian dei Brughi.), zerriß sie („Nein, halt!"), knüllte sie zusammen und warf sie ins Feuer.

„O du Hund! Das kannst du nicht tun! Dann weiß ich ja nicht, wie es ausgeht", und damit lief er hinter Ugasso her, um ihm das Buch wegzunehmen.

„Gehst du also zum Zolleinnehmer?"

„Nein, ich gehe nicht!" Ugasso zerriß zwei weitere Seiten.

„Halt! So weit bin ich noch nicht! Du kannst sie nicht verbrennen!"

Ugasso hatte sie bereits ins Feuer geworfen.

„Du Hund! Clarissa! Nein!"

„Also gehst du? Ich ..." Ugasso riß drei weitere Seiten heraus und warf sie ins Feuer.

Gian dei Brughi setzte sich nieder und verbarg das Gesicht in den Händen. „Ich gehe", sagte er. „Aber versprecht mir, daß ihr mit dem Buch vor dem Hause des Zolleinnehmers auf mich wartet."

Der Brigant wurde in einen Sack gesteckt, mit einem Reisigbündel über dem Kopf. Bel-Loré trug den Sack auf den Schultern. Dahinter kam Ugasso mit dem Buch. Sobald Gian dei Brughi in seinem Sack durch einen Fußtritt oder ein Brummen zu erkennen gab, daß es ihm leid wurde, ließ Ugasso ihn das Zerreißen einer Seite hören, worauf Gian dei Brughi sich sofort wieder ruhig verhielt.

Auf diese Weise trugen sie ihn, als Holzhändler verkleidet, ins Haus des Zolleinnehmers und ließen ihn dort zurück. Sie postierten sich in geringer Entfernung hinter einem Ölbaum, um die Stunde abzuwarten, in der er nach der Tat wieder zu ihnen stoßen sollte.

Gian dei Brughi hatte es indessen zu eilig; er kam vor Dunkelheit aus seinem Sack heraus, als sich noch zu viele Leute im Hause befanden. „Hände hoch!" Doch er war nicht mehr der alte, es war, als betrachtete er sich von außen, als käme er sich selbst etwas lächerlich vor. „Hände hoch! hab ich gesagt ... Alle an die Wand, die hier im Zimmer sind ..." Nein, nicht einmal er selbst glaubte mehr daran; er tat das nur, weil etwas geschehen mußte. „Seid ihr alle da?" Er hatte nicht gemerkt, daß ein kleines Mädchen entwischt war.

Obgleich jede Minute kostbar war bei diesem Geschäft, zog er die Sache in die Länge; der Zolleinnehmer stellte sich dumm, konnte den Schlüssel nicht finden. Gian dei Brughi begriff, daß sie ihn nicht mehr ernst nahmen, und ganz im Grunde seines Herzens war es ihm recht, daß es so gekommen war.

Schließlich verließ er das Haus, schwer beladen mit Geldbörsen. Er lief nahezu blindlings auf den Ölbaum zu, der als Treffpunkt verabredet war. „Das ist alles, was da war. Gebt mir ‚Clarissa' zurück!"

Vier, sieben, zehn Arme umklammerten ihn, so daß er sich vom Scheitel bis zur Sohle nicht rühren konnte. Er wurde von einer ganzen Rotte von Häschern in die Luft gehoben und wie eine Wurst verschnürt. „Clarissa wirst du hinter schwedischen Gardinen wiedersehen!", und damit transportierten sie ihn ins Gefängnis.

Das Gefängnis war ein Türmchen am Meeresufer. In der Nähe wuchs ein Pinienwäldchen. Im Wipfel einer dieser Pinien hockend, befand sich Cosimo nahezu in gleicher Höhe mit Gian dei Brughi und sah sein Gesicht hinter dem Eisengitter.

Dem Briganten waren Verhöre und Prozeß völlig

gleichgültig; was auch geschehen mochte: Er wurde ja doch gehängt; leid taten ihm indessen diese leeren Tage dort im Gefängnis, an denen er nicht lesen konnte, und der Roman, in dem er nur bis zur Hälfte gekommen war. Cosimo gelang es, sich ein weiteres Exemplar von „Clarissa" zu beschaffen, das er auf die Pinie mitbrachte.

„Bis wohin bist du gekommen?"

„Bis da, wo Clarissa aus dem Freudenhaus entflieht!"

Cosimo blätterte etwas und sagte dann: „O ja, ich hab's. Also ..." Dann begann er laut vorzulesen, wobei er sich dem Gitterfenster zuwandte, an dem Gian dei Brughis angeklammerte Hände zu sehen waren.

Die Verhöre zogen sich lange hin. Der Brigant ertrug die Folter. Bis er alle seine unzähligen Verbrechen gestanden hatte, brauchte es viele Tage. So kam es, daß er täglich vor und nach den peinlichen Befragungen Cosimo zuhörte, der ihm vorlas. Als sie mit „Clarissa" zu Ende waren und er einen etwas betrübten Eindruck machte, kam Cosimo auf den Gedanken, daß Richardson, wenn man nicht in der frischen Luft lebe, leicht deprimierend wirke; so begann er, ihm lieber einen Roman von Fielding vorzulesen, der ihn mit seiner bewegten Handlung ein wenig für die verlorene Freiheit entschädigen sollte. Es waren die Tage des Prozesses, und Gian dei Brughi hatte nichts anderes im Kopf als die Abenteuer Jonathan Wilds.

Bevor der Roman zu Ende war, kam der Tag der Hinrichtung. In Begleitung eines Mönchs machte Gian dei Brughi auf dem Karren die letzte Reise seines Lebens. In Ombrosa pflegte man die Delinquenten an einer hohen Eiche mitten auf dem Marktplatz zu hängen. Ringsum versammelte sich schaulustiges Volk.

Als Gian dei Brughi schon den Knoten am Halse hatte, hörte er einen Pfiff zwischen den Zweigen. Er blickte empor. Es war Cosimo mit dem geschlossenen Buch.

„Sag mir, wie es ausgeht!“ bat der Verurteilte.

„Es tut mir leid, daß ich dir das sagen muß, Gian“, erwiderte Cosimo, „Jonathan stirbt am Galgen.“

„Danke! So soll es auch mir ergehen. Lebe wohl!“ – und damit stieß er selbst die Leiter fort und wurde erdrosselt.

Sobald sich der Körper nicht mehr bewegte, ging die Menge nach Hause. Cosimo blieb bis zum Einbruch der Dunkelheit auf dem Ast sitzen, an dem der Erhängte baumelte. Jedesmal, wenn eine Krähe sich näherte, um dem Leichnam Augen oder Nase auszupicken, schwang Cosimo seine Mütze, um sie zu verjagen.

Der Mensch sollte lesen,
wozu es ihn gerade treibt;
was er nur aus Pflichtgefühl liest,
wird ihm wenig nützen.

La Rochefoucauld

Walter Benjamin

Über und über beschneit vom Gelesenen

Aus der Schülerbibliothek bekommt man ein Buch. In den unteren Klassen wird ausgeteilt. Nur hin und wieder wagt man einen Wunsch. Oft sieht man neidisch ersehnte Bücher in andere Hände gelangen. Endlich bekam man das seine. Für eine Woche war man gänzlich dem Treiben des Textes anheimgegeben, das mild und heimlich, dicht und unablässig, wie Schneeflocken einen umfing. Dahinein trat man mit grenzenlosem Vertrauen. Stille des Buches, die weiter und weiter lockte! Dessen Inhalt war gar nicht so wichtig. Denn die Lektüre fiel noch in die Zeit, da man selber Geschichten im Bett sich ausdachte. Ihren halbverwehten Wegen spürt das Kind nach. Beim Lesen hält es sich die Ohren zu; sein Buch liegt auf dem viel zu hohen Tisch, und eine Hand liegt immer auf dem Blatt. Ihm sind die Abenteuer des Helden noch im Wirbel der Lettern zu lesen wie Figur und Botschaft im Treiben der Flocken. Sein Atem steht in der Luft der Geschehnisse, und alle Figuren hauchen es an. Es ist viel näher unter die Gestalten gemischt als der Erwachsene. Es ist unsäglich betroffen von dem Geschehen und den gewechselten Worten, und wenn es aufsteht, ist es über und über beschneit vom Gelesenen.

Jean-Paul Sartre

Die Bücher waren meine Vögel

Nun wurde ich eifersüchtig auf meine Mutter und beschloß, ihre Rolle zu übernehmen. Ich packte mir ein Buch mit dem Titel „Drangsale eines Chinesen in China“ und zog damit in einen Abstellraum; dort hockte ich mich auf ein Eisenbett und tat so, als läse ich: mit den Augen folgte ich den schwarzen Linien, ohne auch nur eine einzige zu überschlagen, und erzählte mir dazu laut eine Geschichte, wobei ich mich bemühte, jede Silbe auszusprechen. Man ertappte mich – oder ich ließ mich ertappen –, es machte großes Aufsehen, man beschloß, nun sei es an der Zeit, mir das Alphabet beizubringen. Ich war eifrig wie ein Kind beim Katechismus-Unterricht; ich ging so weit, mir Nachhilfestunden zu geben: ich kletterte auf mein Eisenbett mit dem Buch „Heimatlos“ von Hector Malot, das ich auswendig kannte; halb rezitierte ich, halb entzifferte ich, ich nahm mir eine Seite nach der anderen vor: als die letzte Seite umgeblättert war, konnte ich lesen.

Ich war verrückt vor Freude: jetzt hatte ich sie für mich, diese getrockneten Stimmen in ihren kleinen Herbarien, diese Stimmen, die mein Großvater durch seinen Blick zum Klingen brachte, die er hörte, die ich nicht hörte! Ich sollte sie hören, ich sollte mich erfüllen mit ihren formvollen Reden, ich sollte alles wissen. Man ließ mich in der Bibliothek vagabundieren, und ich stürmte los auf die menschliche Weisheit. So bin ich geworden. Später habe ich hundertmal hören müssen, wie Antisemiten den Juden vorwarfen, sie hätten kein Verständnis für Lehre und Schweigen der Natur. Ich antwortete: „In diesem Fall bin ich jüdischer als die Juden.“ Vergeblich suche ich in mir die kompakten

Erinnerungen und die sanfte Unvernunft der Bauernkinder. Ich habe niemals Höhlen gegraben und Vogelnester gesucht, niemals botanisiert und mit Steinen nach den Vögeln geworfen. Aber die Bücher waren meine Vögel und meine Nester, meine Haustiere, mein Stall und mein Gelände; die Bücherei war die Welt im Spiegel; sie hatte deren unendliche Dichte, Vielfalt, Unvorhersehbarkeit. Ich stürzte mich in unglaubliche Abenteuer: ich mußte auf Stühle klettern, auf Tische und riskierte dabei, Lawinen auszulösen, die mich begraben hätten. Die Bücher auf dem obersten Regal blieben lange außerhalb meiner Reichweite; andere wurden mir, kaum hatte ich sie entdeckt, wieder aus der Hand genommen; noch andere versteckten sich: ich hatte sie gehabt, hatte sie zu lesen angefangen, glaubte sie wieder an ihren Platz gestellt zu haben, brauchte aber eine Woche, ehe ich sie wiederfand. Es kam zu schrecklichen Begegnungen: ich öffnete ein Album und stieß auf eine farbige Abbildung, scheußliche Insekten wimmelten vor meinen Augen. Ich lag auf dem Teppich und unternahm anstrengende Reisen mit Hilfe von Fontenelle, Aristophanes, Rabelais. Die Sätze leisteten mir genauso Widerstand wie die Dinge; man mußte ihnen auflauern, sie umgehen, man mußte so tun, als entferne man sich, und dann rasch zu ihnen zurückkommen, wollte man sie unbewaffnet überraschen: die meiste Zeit behielten sie ihr Geheimnis für sich. Ich war La Pérouse, Magalhães, Vasco da Gama; ich entdeckte sonderbare Wilde: Das Wort „Heautontimoroumenos" in einer Terenz-Übersetzung in Alexandrinern, das Wort „Idiosynkrasie" in einem Buch über vergleichende Literaturgeschichte. Apokope, Chiasma, hundert andere undurchdringliche und abweisende Kaffern traten aus so einer Seite hervor, und wo sie erschienen, fiel der ganze Abschnitt auseinander. Den Sinn dieser harten und schwarzen Wörter habe ich erst zehn oder fünfzehn Jahre später kennengelernt, und auch heute noch haben sie ihre Dichtigkeit beibehalten: sie sind der Humusboden meines Gedächtnisses.

Die Bibliothek barg die großen französischen und deutschen Klassiker, es gab auch Grammatiken, auch einige berühmte Romane, ausgewählte Erzählungen von Maupassant, Kunstbücher: einen „Rubens", einen „Van Dyck", einen „Dürer", einen „Rembrandt", die mein Großvater von seinen Schülern zu Neujahr erhalten hatte. Mageres Universum. Aber der „Larousse" ersetzte mir alles: ich nahm mir wahllos einen Band vom vorletzten Regal hinter dem Schreibtisch: A-Bello, Belloc-Ch oder Ci-D, Mele-Po oder Pr-Z (diese Verbindungen von Silben waren Eigennamen geworden, welche die Sektoren des Universalwissens bezeichneten: es gab die Region Ci-D oder die Region Pr bis Z, nebst Fauna und Flora, nebst Städten, Schlachten und großen Männern); ich legte den Band mühselig auf die Schreibunterlage meines Großvaters, öffnete ihn, ich hob dort richtige Vögel aus, jagte dort nach richtigen Schmetterlingen, die sich auf richtigen Blumen niedergelassen hatten. Menschen und Tiere waren dort, in Person: die Abbildungen waren der Körper, der Text war ihre Seele, ihre einzigartige Essenz; außerhalb der Zimmerwände traf man auf matte Entwürfe, die sich mehr oder weniger den Archetypen annäherten, ohne deren Vollkommenheit zu erreichen. Die Affen im Zoologischen Garten waren weniger Affe, die Menschen im Luxembourg-Garten waren weniger Mensch. Platoniker meines Zeichens, ging ich den Weg vom Wissen bis zur Sache; ich fand an der Idee mehr Wirklichkeitsgehalt als an der Sache selbst, denn die Idee ergab sich mir zuerst, und sie ergab sich mir wie eine Sache. Ich habe die Welt in den Büchern kennengelernt: dort war sie assimiliert, klassifiziert, etikettiert, durchdacht, immer noch furchterregend; und ich habe die Unordnung meiner Erfahrungen mit Büchern verwechselt mit dem zufälligen Ablauf wirklicher Ereignisse. Hier entsprang jener Idealismus, den ich erst nach dreißig Jahren von mir abtun konnte.

Günter de Bruyn

So süchtig war ich danach

Meine erste Lektüre, an die ich mich erinnere, war eine gereimte Bildergeschichte, in der die Verse vorkamen: Doch im Walde da sind Wurzeln, worüber nun die beiden purzeln. Wenn mein Gedächtnis mich nicht täuscht, waren die beiden ein Page und eine Prinzessin, die sich in einem von Menschenfressern bewohnten Wald verlaufen. Neben den Grimmschen Märchen las meine Schwester mir auch idyllische von Matthiessen vor. Der Band hieß Das alte Haus, war auf rauhem, dickem Papier gedruckt und mit Zeichnungen versehen, die ich bunt auszumalen versuchte. Die Zwerge, Riesen, Kartoffelkönige, Uhrenmännchen und Hexen waren gutartig und freundlich, und es floß kein Tropfen Blut. Tränen dagegen flossen bei mir reichlich über die wechselnden Schicksale eines deutschen Pinocchio, der Das hölzerne Bengele hieß. Das erste Stück große Literatur, das ich an jedem 24. Dezember hörte, die Geschichte von Christi Geburt aus dem Lukas-Evangelium, übte einen Zauber eigner Art auf mich aus, der nie verging, da sich von Jahr zu Jahr mehr von dem enthüllte, was erst dunkel geblieben war. Das Glück aber, in Literatur eigne Umwelt, eigne Innenwelt, sich selbst also wiederzufinden, begegnete mir zum erstenmal in einem Stück Prosa, das im Schullesebuch meiner Schwester stand. Da wurde von einem Wintermorgen erzählt, an dem ein Ich, ein Kind, durch ein Guckloch, das es in die Eisblumen der Fensterscheibe gehaucht hat, die von Schnee veränderte Umgebung beobachtet: schlitternde Nachbarskinder, schneefegende Straßenkehrer, die vermummte Milchfrau, die weißen Atemwolken der Pferde – reine

Beschreibung also, die aber im Leser wunderbarerweise Gefühle weckt, von denen im Text nicht die Rede ist. Das Lesestück stand rechts oben und war etwa eine dreiviertel Seite lang.

In meinem ersten Schuljahr muß das gewesen sein. Im selben Jahr noch verfiel ich vollständig einem Autor, der sich mit so kurzen Stücken nicht abgab, einem Lang- und Vielschreiber, dessen noch immer anhaltende Wirkung auch seinen Verächtern ein Rätsel ist. Von 1933 bis in die ersten Kriegsjahre hinein lebte ich lesend in einer Welt, die den Vorzug hatte, meiner in keiner Weise zu gleichen, in einer Welt der Freiheit, die Schul- und Uniformzwang nicht kannte, die geographisch vielgestaltig und moralisch eindeutig war, in der den Schurken das Böse vom Gesicht abgelesen werden konnte und das Gute siegreich blieb. Es war die Welt Karl Mays.

Die Ausgabe des Karl-May-Verlages in Radebeul (nur diese kannte ich) hatte 65 Bände, und es trieb mich dazu, sie alle zu lesen, was mit Hilfe einer privaten Leihbücherei in der Britzer Hannemannstraße leicht möglich war. So süchtig war ich danach, daß ich schon auf dem Heimweg, an der langen Krankenhausmauer vorbei, zu lesen begann, mich im Akazienwäldchen auf eine Parkbank setzte und erst in der Dämmerung wieder zu Hause war, wo meine Mutter, der Lesen als Luxus galt, mich mit Aufträgen wie Kohlen-aus-dem-Keller-Holen oder Mülleimer-Runtertragen störte und mir immer wieder die quälende Frage stellte, ob ich mit den Schularbeiten schon fertig sei. Frühes Zu-Bett-Gehen war also, wenn ein neuer Band in meiner Hand war, eine Freude für mich; und wenn die Lampe gelöscht werden mußte, las ich unter der Decke weiter, bei Taschenlampenlicht.

Albert Camus

Hauptsache, es war klar geschrieben

Der Donnerstag war auch der Tag, an dem Jacques und Pierre in die Stadtbücherei gingen. Von jeher hatte Jacques die Bücher verschlungen, die ihm in die Hände fielen, und er verschlang sie mit der gleichen Gier, mit der er lebte, spielte oder träumte. Aber das Lesen ermöglichte ihm, in eine unschuldige Welt zu entfliehen, in der Reichtum und Armut gleichermaßen interessant, weil völlig irreal waren. L' Intrépide, die dicken Illustriertensammelbände, die er und seine Kameraden einander weitergaben, bis der kartonierte Einband grau und rauh wurde und die Seiten innen Eselsohren und Risse bekamen, hatten ihn zuerst in eine komische oder heroische Welt entführt, die zwei Grundbedürfnisse in ihm befriedigten, das Bedürfnis nach Fröhlichkeit und nach Mut. Die Vorliebe für Heldentum und theatralisches Auftreten war bei den beiden Jungen zweifellos stark ausgeprägt, wenn man nach ihrem unglaublichen Konsum an Mantel-und-Degen-Romanen urteilte und nach der Leichtigkeit, mit der sie die Figuren aus Pardaillan ihrem Alltagsleben einverleibten. Ihr Lieblingsautor war nämlich Michel Zévaco, und die Renaissance, besonders die italienische, mit ihren Dolch- und Giftgeschichten inmitten von römischen und florentinischen Palazzi und königlichem oder päpstlichem Gepränge, war das Lieblingsreich dieser beiden Aristokraten, die man bisweilen auf der staubigen gelben Straße, in der Pierre wohnte, einander herausfordern und lange lackierte Lineale (...) zücken und zwischen den Mülltonnen hitzige Duelle austragen sah, deren Spuren ihre Finger anschließend noch lange trugen. Sie konnten zu jenem Zeitpunkt kaum auf andere Bücher stoßen, weil in ihrem Viertel wenige Leute lasen und sie selbst nur populäre Bücher kaufen konnten, die im Laden des Buchhändlers herumlagen, und das nur hin und wieder.

Aber etwa zu der Zeit, als sie aufs Lycée kamen, wurde im Viertel eine Stadtbücherei halbwegs zwischen der Straße, in der Jacques wohnte, und dem höhergelegenen Teil eingerichtet, wo vornehmere Viertel anfingen, mit Villen, umgeben von kleinen Gärten voll duftender Pflanzen, die an den feuchten und heißen Hängen von Algier üppig wuchsen. Diese Villen standen um den Park des Pensionats Sainte-Odile, eines religiösen Pensionats, in das nur Mädchen aufgenommen wurden. In diesem Viertel, das so nah und so fern von dem ihren war, erlebten Jacques und Pierre ihre tiefsten Gefühle (von denen noch nicht Zeit ist zu sprechen, von denen noch gesprochen werden wird usw.). Die Grenze zwischen den zwei Welten (die eine staubig und ohne Bäume, in der der ganze Platz den Bewohnern vorbehalten war und den Steinen, die sie beherbergten, die andere, in der die Blumen und die Bäume den wahren Luxus dieser Welt mit sich brachten) bildete ein ziemlich breiter Boulevard, der auf beiden Bürgersteigen von herrlichen Platanen bestanden war. An einem seiner Ufer zogen sich nämlich Villen entlang und an dem anderen billige kleine Mietshäuser. Auf diesem Markt wurde die Stadtbücherei eingerichtet.

Sie hatte dreimal in der Woche geöffnet, darunter donnerstags, abends nach der Arbeitszeit und am Donnerstag den ganzen Vormittag. Eine junge Lehrerin von ziemlich reizlosem Aussehen, die einige Stunden ihrer Zeit unentgeltlich dieser Bücherei widmete, saß hinter einem ziemlich breiten Tisch aus Fichtenholz und führte die Ausleihe. Der Raum war quadratisch, die Wände waren mit Regalen aus Fichtenholz und in schwarzen Stoff gebundenen Büchern bedeckt. Es gab auch einen kleinen Tisch mit Stühlen drumherum, für die, die schnell in einem Wörterbuch nachschlagen wollten, denn es war nur eine Leihbücherei, und einen alphabetischen Katalog, den Jacques und Pierre nie zu Rate zogen, da ihre Methode darin bestand, an den Regalen entlangzugehen, ein Buch nach seinem Titel und seltener nach seinem Autor auszusuchen, seine Nummer aufzuschreiben und diese auf den blauen Zettel zu übertragen, mit dem man die Ausleihe des Bandes beantragte. Um ausleihen zu dürfen, brauchte man nur eine Mietquittung mitzubringen und eine minimale Abgabe zu bezahlen. Dann bekam man eine Faltkarte, in die die ausgeliehenen Bücher ebenso eingetragen wurden wie in das von der jungen Lehrerin geführte Register.

Die Bücherei enthielt hauptsächlich Romane, aber viele waren für Jugendliche unter fünfzehn Jahren verboten und standen gesondert. Und die rein intuitive Methode der beiden Kinder stellte keine wirkliche Auswahl dar. Doch der Zufall ist nicht das Schlechteste in Sachen Kultur, und indem sie alles durcheinander verschlangen, führten sich die beiden Gefräßigen gleichzeitig das Beste und das Schlechteste zu Gemüte, ohne sich übrigens darum zu kümmern, etwas zu behalten, und sie behielten tatsächlich auch fast nichts als ein seltsames, mächtiges Gefühl, das im Lauf der Wochen, der Monate und der Jahre in ihnen ein ganzes Universum von Bildern und Erinnerungen entstehen ließ, die nicht zurückführbar waren auf die Realität, in der sie täglich lebten, aber mit Sicherheit nicht weniger präsent für diese leidenschaftlichen Kinder, die ihre Träume genauso ungestüm erlebten wie ihr Leben.

Im Grunde war nicht so wichtig, was in diesen Büchern stand. Wichtig war, was sie beim Betreten der Bücherei zuerst empfanden, wo sie nicht die Wände aus schwarzen Büchern sahen, sondern einen Raum und vielfältige Horizonte, die sie schon auf der Türschwelle dem engen Leben des Viertels enthoben. Dann kam der Augenblick, in dem sie, jeder mit den zwei Büchern versehen, die sie mitnehmen durften und die sie mit dem Ellbogen eng an sich drückten, auf den um diese Zeit dunklen Boulevard hinausgingen, unter ihren Füßen die Kugeln der großen Platanen zertraten, sich die Wonnen ausmalten, die ihre Bücher ihnen bescheren würden, und sie schon mit denen der Vorwoche verglichen, bis sie, auf der Hauptstraße angekommen, begannen, sie im diffusen Licht der ersten Straßenlaterne aufzuschlagen, um irgendeinen Satz (z.B. „er war von außergewöhnlicher Stärke") herauszupicken, der sie in ihrer freudigen und gierigen Hoffnung bestärken sollte. Sie verabschiedeten sich schnell und liefen dem Eßzimmer entgegen, um das Buch auf dem Wachstuch, unter dem Licht der Petroleumlampe aufzuschlagen. Ein starker Leimgeruch stieg aus dem groben Einband auf, der gleichzeitig an den Fingern schabte.

Die Art, wie das Buch gedruckt war, gab dem Leser schon Hinweise auf die Freude, die es ihm bereiten würde. P. und J. mochten nicht die großzügig umbrochenen mit breiten Rändern, an denen verfeinerte Autoren und Leser Gefallen fanden, sondern Seiten voll kleiner Buchstaben, die in dicht gesetzten Zeilen verliefen, randvoll mit Wörtern und Sätzen, wie jene riesigen Bauernplatten, von denen man viel und lange essen kann, ohne daß sie je leer werden, und die allein den ungeheuren Appetit mancher stillen können. Auf Verfeinerung konnten sie verzichten, sie kannten nichts und wollten alles wissen. Es machte nicht viel aus, wenn das Buch schlecht geschrieben und plump komponiert war, Hauptsache, es war klar geschrieben und voll wildem Leben; solche Bücher, und nur sie, lieferten ihnen den Stoff für ihre Träume, nach denen sie anschließend bleiern schlafen konnten.

Überdies hatte jedes Buch je nach dem Papier, auf dem es gedruckt war, einen besonderen Geruch, einen in jedem Fall feinen, verborgenen Geruch, aber so einzigartig, daß Jacques mit geschlossenen Augen ein Buch aus der Collection Nelson von den üblichen Ausgaben, die damals von Fasquelle verlegt wurden, hätte unterscheiden können. Und noch bevor die Lektüre angefangen hatte, entführte jeder dieser Gerüche Jacques in eine andere Welt voller bereits erfüllter Verheißungen, eine Welt, die schon begann, das Zimmer, in dem er saß, zu verdunkeln, das Viertel und seine Geräusche, die Stadt und die ganze Welt verschwinden zu lassen; sie sollten sofort versinken, sobald das Kind mit einer wahnsinnigen, überschwenglichen Gier zu lesen begonnen hatte, die es schließlich in einen vollständigen Rausch versetzte, aus dem nicht einmal wiederholte Befehle es herausholen konnten. „Jacques, zum dritten Mal, deck den Tisch." Mit leerem, farblosem, ein wenig verstörtem Blick wie ein Lesesüchtiger deckte er endlich den Tisch und nahm sein Buch wieder vor, als hätte er es nie weggelegt. „Iß, Jacques", er aß schließlich eine Kost, die ihm trotz ihrer Zähigkeit weniger wirklich und fest erschien als jene, die er in den Büchern fand, dann räumte er den Tisch ab und las weiter. Manchmal kam seine Mutter zu ihm, bevor sie sich in ihre Ecke setzte. „Das ist die Bibliothek", sagte sie. Sie sprach das Wort, das sie aus dem Mund ihres Sohnes hörte und das ihr nichts sagte, schlecht aus, aber sie erkannte den Einband der Bücher. „Ja", sagte Jacques, ohne den Kopf zu heben. Catherine Cormery beugte sich über seine Schulter. Sie sah das doppelte Rechteck unter dem Licht, die regelmäßige Aufreihung der Zeilen an; auch sie atmete den Geruch ein, und manchmal strich sie mit ihren von der Waschlauge steifen und faltigen Fingern über die Seite, als versuche sie, besser zu erkennen, was ein Buch ist, und diesen mysteriösen, für sie unverständlichen Zeichen näherzukommen, in denen ihr Sohn so oft und stundenlang ein Leben fand, das ihr unbekannt war und aus dem er mit diesem Blick herauskam, den er auf sie richtete wie auf eine Fremde. Die verkrümmte Hand streichelte sanft den Kopf des Jungen, der nicht reagierte, sie seufzte, dann ging sie und setzte sich weit weg von ihm. „Jacques, geh ins Bett.“ Die Großmutter wiederholte den Befehl. „Sonst kommst du morgen zu spät.“ Jacques stand auf, packte, ohne sein unter die Achsel geklemmtes Buch loszulassen, seinen Ranzen für den Unterricht am nächsten Tag und fiel, nachdem er das Buch unter sein Kopfpolster geschoben hatte, in einen schweren Schlaf wie ein Trunkenbold.

Johanna Schopenhauer

Vier dicke Oktavbände!

(...) ich hatte eben mein neuntes Jahr erreicht, als Anno 1775 der erste Aufstand der Amerikaner gegen die stolzen Gebieter der Meere in Philadelphia ausbrach. Glühend vor Begeisterung brachte mein Lehrer mir die erste Nachricht davon und teilte in der Folge alles mir mit, was er von den denkwürdigen Ereignissen dieses gerechtesten aller Kriege im Laufe der Jahre erfuhr. Penn, Washington, Lafayette, der unglückliche Major André, alle bedeutenden Namen jener Zeit waren mir so geläufig als die meiner nächsten Umgebungen.

Wie liebte ich sie alle! Wie triumphierte ich über jede Niederlage der Briten! Wie freute ich mich, daß Frankreich den Unterdrückten zu Hilfe kam, und wie verabscheute ich den Landgrafen von Hessen, der seine Landeskinder wie Leibeigene an England verkaufte und nicht nur für jeden im Krieg Gebliebenen, sondern auch noch nach einem von ihm ersonnenen Tarif für die einzelnen Gliedmaßen derselben, für die Arme und Beine, die sie, ohne zugleich das Leben einzubüßen, etwa in der Schlacht verlören, sich besondere Entschädigungsgelder ausbedingte.

Über dem Interesse, das die tapferen Amerikaner mir einflößten, vergaß ich indessen doch meine alten Römer und Griechen nicht. Die letztern waren mir zwar weniger lieb und die Spartaner sogar völlig widerwärtig, weil sie die Kinder nicht bei ihren Eltern lassen wollten, sie peitschten, ohne daß sie etwas verbrochen hatten, und obendrein den Diebstahl für lobenswert erklärten. Auch ärgerte ich mich sehr über den dummen spartanischen Jungen, der einen Fuchs gestohlen hatte und sich in aller Gelassenheit von ihm totbeißen ließ. Welche Albernheit, einen Fuchs zu stehlen! Und wem kann er ihn wohl gestohlen haben? Hunde hält man sich wohl zur Jagd und zum Vergnügen, aber Füchse?

Die Römer, die prächtigen Römer! Das waren meine Leute! In einem alten Schranke meines Vaters fand ich eine ziemlich holperige Übersetzung von Rollins römischer Geschichte und unterlag trotz meiner sehr moralischen Gesinnungen der Versuchung, dem Beispiele des spartanischen Knaben zu folgen und sie mir heimlich zuzueignen. Sonntags nachmittags und in jeder andern freien Stunde, wo ich sicher war, daß man mich nicht stören würde, verbarg ich mich damit in abgelegene Winkel, oft auf dem Boden oben unter dem Dache. Vier dicke Oktavbände! Mit welchem Eifer, mit welchem unbeschreiblichen Interesse habe ich sie gelesen, und wenn ich damit fertig war, wieder gelesen, und wenn ich mir ein besonderes Vergnügen machen wollte, meine Lieblingsstellen darin aufgesucht.

Mucius Scävola, Brutus, Virginius, das waren meine Helden, und die ehrwürdigen Senatoren mit ihren langen, schneeweißen Bärten, wie sie in ihren elfenbeinernen Sesseln sich auf dem Markte nebeneinander hinsetzten und schweigend von dem eindringenden wilden Feinde sich erschlagen ließen! Auch Cicero gefiel mir ungemein, wenn er den gottlosen Catilina öffentlich heruntermacht; die berühmte Rede, die er an diesen richtete, habe ich mir selbst so oft vorperoriert, bis ich sie größtenteils auswendig wußte. Vor allen andern aber ehrte und bewunderte ich den Diktator Cincinnatus! Stundenlang malte ich in Gedanken es mir aus, wie er in Rom als Sieger triumphierend einzog und dann still und bescheiden zu seinem Pfluge und seinen Teltower Rübchen zurückkehrte, die auch ich sehr gern aß, denn daß der große Mann mit einer schlechteren Sorte als dieser seit der Erscheinung des berühmten Briefwechsels späterhin klassisch gewordenen vorlieb genommen haben sollte, war mir nicht denkbar.

Niemand, auch nicht mein Kandidat, erfuhr etwas von den römischen Studien, die ich ganz in der Stille neben den Lehrstunden, die er mir gab, betrieb; warum ich so heimlich damit tat, weiß ich selbst nicht; wahrscheinlich weil ich in meiner Begeisterung mich nicht irremachen lassen wollte.

Irmtraud Morgner

Sechs Wochen Magie ohne Musik

Im Frühjahr 1946 mußte die Mietpartei Krummbiegel, die über uns wohnte, ihre Bodenkammer räumen, weil die dem Umsiedler Blasek für seine Kinder zugesprochen worden war. Ich half beim Entrümpeln und beim Abfahren des Mülls. Als ich meinen Handwagen in den Steinbruch entlud, kam mir ein kleiner verschlossener Koffer in die Hände. Vulkanfiber. Er schien mir zum Kartoffelhamstern geeignet. Und er war so schwer, daß ich Hartholz drin vermutete. Vielleicht schon gehackt? Ich fuhr das schwere Behältnis also zurück und brach es daheim auf.

Der Koffer war voll Reclamhefte. Ein Gymnasialsortiment deutscher Literatur. Ich schnitt die Hefte auf und schwartete sie durch. Worte, die ich noch nie gehört, geschweige denn gelesen hatte. Sechs Kilo Papier voll unbekannter, ungeahnter Worte, Klänge, Beschwörungen. Sechs Wochen Magie ohne Musik und nicht von schlechteren Eltern.

Ich erlebte das Gymnasialsortiment als Naturereignis. Der Schock überzeugte mich, daß die Geheimnisse der Welt auch in Worten ausdrückbar sind.

Am liebsten las ich Don Carlos, Die Räuber, Kabale und Liebe und Faust. Ohne zu begreifen natürlich. Mein unbedarfter Kopf konnte sich in den komplizierten Gebilden nicht zurechtfinden. Aber mein Unvermögen ärgerte oder plagte mich nicht wie sonst, wenn mein Vater mit dem Laut „na" meine Dummheit rügte. Kurzes „na" hieß „Du hast wohl zwei linke Hände", langes „na": „Wann fällt denn endlich der Groschen?" Mit diesen Lauten erschütterte Johann Salman mein Selbstbewußtsein.

Als ich die unbegreiflichen Bücher durchhastete, fühlte ich mich nicht von Ungeschick deprimiert. Ich fühlte mich erhoben. In der orakelhaften Dunkelheit vermutete ich Lebensgeister, die in mir selber waren, wer-weiß-wo. Die Vermutung wurde genährt durch Lichter. Mitunter wurde mir nämlich beim wilden Schwimmen in der Dunkelheit ein Licht aufgesteckt. In Form eines Satzes. Ich unterstrich solche Sätze mit Rotstift, um die Besitzverhältnisse anzuzeigen. Ich verdächtigte die Dichter des Diebstahls. Ich fragte mich, wie gestorbene Dichter in einen jetzigen Kopf langen können und aus der Unordnung herausholen, was der Kopfbesitzer selbst nicht findet. Und ich unterstrich den Satz „Es möcht kein Hund so länger leben, drum hab ich mich der Magie ergeben" zweimal rot.

Um meiner Mutter Johann Salmans Vorhaltungen wegen ihrer mißratenen Tochter zu ersparen, las ich anfangs im Keller. Ich gab vor, Spanholz zum Anfeuern schneiden zu wollen, und schnitt auch ein Bündel. Kälte, Dunkelheit und das durch Anschlag an der Kellertür bekanntgemachte Verbot des Umgangs mit offenem Licht und Feuer trieben mich bald in die Bodenkammer. Wegen Laubsägearbeiten, sagte ich den Eltern, legte aber Säge und Holz nur griffbereit. Schließlich aber war ich von den großen Worten in solche Höhen entführt, daß ich die Niederungen der Notlügen und Alibis aus den Augen verlor.

Ich verfügte mich also ohne Angabe von Gründen in unser Vorstadtwäldchen, erstieg eine Eiche und erlebte mich an diesem angemessenen Ort als Karl Moor, Marquis Posa, Ferdinand, Faust und Mephisto. Die Astgabel, auf der ich saß, war Pferderücken, Gelehrtensessel und Thron. Um mich verzweigten sich die böhmischen Wälder, König Philipps Schloß, Millers gute Stube, Fausts Herrenzimmer, der Brocken und die Hexenküche. Die väterliche Devise „nicht auffallen“ erschien mir vier Meter überm bombenzerpflügten Waldboden feige. Die auffälligen Kerle aus den Büchern machten mir Mut zum Auffallen.

Die beschriebenen alten Zeiten erfuhr ich als Gegenwart, und die Gegenwart sank weg oder verschmolz mit diesen Zeiten oder wer weiß. Als mein Vater über Hausbewohner von meinem Treiben Wind bekam und mich vom Baum meiner Erkenntnis pflückte, steigerte er seinen Überzeugungssatz „Lesen ist Zeittotschlagen“ zum Bekenntnissatz „Lesen macht krank“.

Meine Mutter sagte zu mir „Lesonkel“ und lachte. Bei dieser Gelegenheit so laut, daß der Bauch hüpfte. Je lauter die Lache, desto ambivalenter die Bedeutung, die dahinter zu vermuten war. Meine Mutter konnte sogar lachend weinen. Wenn meine Mutter nicht so unmäßig sparsam gewesen wäre, hätte sie mein Vater gewiß zu den Sonderlingen gerechnet. Ihres Gelächters wegen, das mit den Jahren immer rätselhafter wurde. Er nannte es aber nicht „efelsch“, hochdeutsch „einfältig“, sondern „albern“. Und albern war normal. Jedenfalls bei Frauen. Und das Wort „Lestante“ gab's gar nicht.

Ich lief dreistimmig herum. Die erzählte Zeit war als Melodie zu hören, die Gegenwart als Unterstimme, Künftiges als Oberstimme.

Klaus Mann

Ich las gierig, enthusiastisch, unersättlich

Ich las gierig, enthusiastisch, unersättlich. Indessen war es doch nicht mehr ein wahlloses Verschlingen von Massen gedruckter Worte wie in den früheren Jahren meiner Lesewut. Mein Geschmack entwickelte sich in einer bestimmten Richtung; ich fing an, mir der eigenen Neigungen und Bedürfnisse bewußt zu werden. Ich fand meine Meister, meine Götter; ich entdeckte meinen Olymp.

Ich schaue sie mir an, die Heiligen, die Dämonen meiner sechzehn Jahre, und ich finde keinen unter ihnen, dessen ich mich heute schämen müßte. Freilich, manche dieser frühgeliebten Figuren haben heute in meinem Herzen nicht mehr den zentralen Platz, den ich ihnen damals im Überschwang erster Ergriffenheit, erster Dankbarkeit so willig einräumte. Der Glanz, der mich einst blendete und berauschte, mag in einigen Fällen schwächer geworden sein; auch sind andere Sterne hinzugekommen, die jenen ersten Konstellationen den Rang streitig machen. Aber sie leuchten doch noch, die Sonnen meiner Jugend; ihr Feuer, selbst wo es an Stärke verloren hat, ist rein geblieben. Nein, ich habe mich nicht täuschen lassen von Irrlichtern und künstlichen Flammen; ich habe keine falschen Götter angebetet.

In unverminderter Glorie strahlt das Vierergestirn, das um diese Zeit meinen Himmel beherrschte und dem ich mich noch heute gerne anvertraue: Sokrates, Nietzsche, Novalis und Walt Whitman.

Ich liebte den Sokrates des „Gastmahl" und des „Phaidon", weil er die Schönen liebte – ach, mit welcher Verschlagenheit! welch zärtlicher Ambivalenz und schillernder Ironie! – und weil er alles vom Eros wußte und nichts von seinem furchtbaren Wissen verriet. Es waren nur einige Andeutungen und suggestive Winke, die er uns zukommen ließ. Er sagte uns, daß Eros häßlich sei, nicht schön. Und er sagte uns auch, daß Eros die unschöne, schönheitsdurstige Gottheit beim Liebenden sei, nicht beim Geliebten. Wie gern ich dies hörte! Welch bittersüße Genugtuung mir solche Weisheit bereitete! Ich wußte, daß Sokrates die Wahrheit sprach. Ja, Eros ist häßlich, nicht schön. Ja, die Gottheit ist beim Liebenden, nicht beim Geliebten. Hatte Sokrates auch recht, wenn er das Leben eine Krankheit nannte? Da man ihm den Schierlingsbecher reichte, bemerkte er lächelnden Mundes, nun sei es Zeit für ihn, dem Gott der Heilkunst einen Hahn zu weihen: „Denn, meine Freunde, ich bin lange krank gewesen." Ist auch dies die Wahrheit? Ich habe nie aufgehört, mir diese Frage zu stellen. Und je länger ich mich bemühe, seinem letzten Orakel auf den Grund zu kommen, desto mehr verfalle ich dem Zauber dieses unwiderstehlichen Dämons und abgefeimten Heiligen, dieses großen Liebenden und Sophisten, desto inniger liebe ich den Sokrates.

(...) Rainer Maria Rilke gehört zur gleichen Gruppe der wandernden Gottsucher und vereinsamten Beter. Diejenigen seiner Werke, die mir heute die kostbarsten sind – „Die Sonette an Orpheus" und die „Duineser Elegien" – waren mir damals noch nicht bekannt; aber mit welch andächtiger Zärtlichkeit liebte ich das „Stundenbuch", den „Malte Laurids Brigge"! Noch seine Manieriertheiten waren mir ergreifend und bedeutungsvoll, noch seine künstlichsten Schnörkel und Arabesken verehrte ich als Ausdruck mönchischen Eifers. In hold gezierten Tönen sang er von der Armut und vom Tode; sein reiner Fleiß huldigte dem Herrn in preziösen Reimen und ausgefallenen Metaphern. Eine Seite meines eigenen Wesens antwortete auf diesen sublimen Ästhetizismus, teilte diese verspielte Prädilektion für seltene Worte und schöne Dinge: Fontänen, Orchideen, Gemmen, Spiegel, Edelsteine, Engel. Vor allem diese. Noch ehe ich mir den Swedenborg entdeckte und mich mit Jean Cocteaus anrüchigen Cherubim anfreundete, lernte ich bei Rilke die Grundlagen der Engelskunde. „Jeder Engel ist schrecklich", wie ich später aus den „Duineser Elegien" erfahren sollte; aber damals ergötzte ich mich noch voll kindlichen Zutrauens an den „tödlichen Vögeln der Seele", deren sanfter Flügelschlag mir aus dem „Buch der Bilder" und dem „Stundenbuch" so lieblich entgegenkam.

Was mich an Rilke vor allem anzog, war die schillernde Zusammengesetztheit seiner geistigen Physiognomie, die Vielschichtigkeit seines Idioms, seiner Erbschaft. Dieser deutsche Dichter österreichisch-böhmischer Abkunft schien halb in Paris zu Hause (er konnte auch französische Verse schreiben), halb in einem kuppelreich-byzantinischen Moskau. Zu den slawischen und lateinischen Komponenten kommt, besonders im „Malte Laurids Brigge", ein skandinavischer Einschlag. Rilkes Prosadichtung, die mir noch heute sein bedeutendstes Werk neben den „Sonetten" und den „Elegien" scheint, gehörte zu den großen Schätzen, den Offenbarungen meiner Jugend. Die schwermutsvolle Melodie der „Aufzeichnungen" begleitete mich durch die Jahre geistigen und physischen Erwachens, die für jede sensitive Natur Jahre krisenhafter Problematik sind. Vielleicht gab es nur noch einen zweiten Prosaisten, der mir ebensoviel bedeutete, den ich mit derselben Hingabe liebte und bewunderte: Herman Bang.

Ich liebte alle seine Bücher, von den „Hoffnungslosen Geschlechtern" bis zu den „Vaterlandslosen". Ich liebte seine Technik, die raffinierte Diskretion eines Impressionismus, dessen Wirkungen an Monet und Debussy gemahnen. Das eigentliche Drama spielte sich bei Bang stets zwischen den Zeilen ab, kaum ausgesprochen, nur angedeutet im nervösen Staccato der Dialoge. Die Menschen Bangs scheinen immer aneinander vorbei zu sprechen: Keiner versteht die scheue Bitte, den Hilferuf, den Verzweiflungsschrei des anderen. Eine furchtbare Aura von Einsamkeit umgibt sie alle, die versteinten Alten im „Grauen Haus", die Akrobaten und Abenteurer der „Exzentrischen Novellen", die umgetriebenen, gehetzten, todmüden Virtuosen in den „Vaterlandslosen" die liebenden, ach, wie hoffnungslos liebenden Mädchen und jungen Frauen in „Das Weiße Haus", „Am Wege", „Tine", „Ludwigshöhe".

(...) Büchner war meine große Liebe unter den Dramatikern – zusammen mit einem Modernen, der zur Familie des „Wozzeck"-Dichters gehört: Frank Wedekind. Was mich an ihm faszinierte, war die steile Gebärde, der schneidende, unerbittliche, dabei immer leicht diabolisch-sarkastisch gefärbte Ernst, mit dem er seine gewagten, mir aber durchaus einleuchtenden moralischen Thesen künstlerisch demonstrierte und kämpferisch vertrat. So nimmt er seinen Platz ein zwischen meinen Heroen, noch im Dunstkreis Nietzsches, nicht weit von Heine und Büchner, aber doch feierlich isoliert: eine plumpe, gedrungene Gestalt von aggressiver Würde, halb Hanswurst, halb Prediger, der messerscharfen Mundes die „Wiedervereinigung von Moral und Schönheit" fordert. Er doziert, grimassiert, gestikuliert, vollführt barocke Sprünge; er wechselt das Kostüm, aber nie den sarkastisch-weihevollen Akzent, die stilisierte Gebärde: Sein Pathos ist immer das gleiche und für mich immer gleich überzeugend, ob er sich nun als Dr. Schön, Liebhaber der Lulu, präsentiert oder als Marquis von Keith, als König oder als Mädchenhändler. Am liebsten sehe ich ihn in der Rolle des Vermummten Herrn, der in der Schlußszene von „Frühlings Erwachen“ seine sardonische Weisheit hören läßt. Der Vermummte Herr nimmt den Knaben Melchior bei der Hand und führt ihn ins Leben hinein, dessen Gefahr und Lockung er in grimmig pointierter Rede preist. Er ist vieldeutig, witzig und geheimnisvoll, der Vermummte Herr; er ist etwas schaurig und sehr attraktiv; er ist liebenswert wie das Leben.

(...) Bei aller Buntheit scheint mein Olymp von etwas einseitiger Zusammensetzung. Das erotisch-religiöse Element überwiegt, während das soziale fast völlig vernachlässigt bleibt. Der Realismus findet sich kaum vertreten in meinem Knaben-Olymp; auch Klassiker im strengen Sinn des Wortes sind dort nicht zugelassen. Das Pantheon des Sechzehnjährigen bevorzugt eine Romantik, in der Ironie und Schwermut, Wollust und Frömmigkeit, metaphysische Ahnung und sexuell-emotionelle Ekstase einander begegnen und durchdringen.

Freilich blieb die Auswahl meiner Heiligen bis zum gewissen Grade dem Zufall überlassen. Meine Neugier war nicht exklusiv. Ich bedurfte der Führung; ich wollte lernen, verehren; vor allem aber suchte ich nach Deutung und Bestätigung des eigenen wirren, ringenden Gefühls. Mein unreifer, ungefestigter Geist öffnete, ergab sich jedem Einfluß, in dem ich auch nur die entfernteste Affinität zu meiner eigenen Art, meinem eigenen Erlebnis zu spüren glaubte.

Unter meinen Papieren aus dieser Zeit finden sich diese Zeilen, die ich, wie mir noch erinnerlich, eines Nachts, aus dem Schlafe fahrend, mit flüchtiger Hand auf einen Zettel schrieb:

Eine fremde Stimme, süß und gebieterisch, weckt mich aus tiefem Schlaf.

Woher kommt mir der Ruf?

Willkommen, mein Führer!

Hier bin ich – zu folgen bereit: mich kümmert's nicht, wem ...

Wer du auch seist: mit deiner Hilfe find ich am Ende – mich selbst!

Anna Louisa Karsch

Da waren neue Welten für mich

Zehn Jahr war ich alt, mein Stiefbruder ward meine einzige Beschäftigung. Traurig saß ich an seiner Wiege, weil mir Bücher fehlten, denn an meinem Geburtsort auf der Meierei fand ich keine. Endlich machte die stürmische Gemütsart meines Pflegevaters, daß wir den Ort verlassen mußten. Wir zogen nach Tirschtiegel, einem Städtchen im glogauischen Fürstentume, nicht fern von meinem Geburtsort. Meine Eltern pachteten ein Vorwerk, und ich ward eine Hirtin. Früh, ehe noch die Sonne den Tau trank, nahm meine alte wirtschaftliche Großmutter dreien Kühen die Milch, und dann trieb ich sie vor mir her, stolz auf die Zufriedenheit, die ich fühlte, wenn über meinem Haupte die Lerche ihren langtönigen Gesang fortsetzte. Ich genoß alle die Annehmlichkeiten des Sommers, und oft dachte ich mir kleine Geschichten aus, die den biblischen Historien ähnlich waren. Ich bauete Türme von Sand, mauerte sie mit Steinen und stürmte sie mit hölzernem Geschoß darnieder. Ich führte in meiner rechten Hand einen Stab, und indem ich mit mir selbst redete, war ich das Haupt einer Armee! Alle Disteln waren meine Feinde, und mit kriegerischem Mut hieb ich allen die Köpfe ab. Die Taten Davids und der Makkabäer waren meine Muster, und es ergötzte mich, wie sie zu siegen. Nach vielen wichtigen Schlachten saß ich an einem Herbsttage am Rande eines kleinen Flusses und ward jenseits des Wassers einen Knaben gewahr, welchen einige Hirtenkinder umgeben hatten. Er war ihr Vorleser, und ich flog hin, um die Zahl seiner Zuhörer zu vermehren. Welch ein Glück für mich! Ich nahm in den folgenden Tagen einen Umweg, trieb meine Rinder durch den Fluß, wo er am seichtesten war, und fand meine so lange entbehrte Wollust, die Bücher, wieder. Da waren Robinsons, irrende Ritter, Gespräche im Reiche der Toten; o da waren neue Welten für mich! Der Herbst verging mir zu bald; ich weinte, doch wir setzten unsere Versammelung fort. Ich schlüpfte, so oft meine Mutter mich verschickte, in das Haus des Hirtenknaben. Er war ein Äsop von Gestalt, aber seine Bücher waren desto schöner. Unsere Zusammenkünfte blieben nicht lange verborgen. Mein Stiefvater donnerte wegen meiner Lesesucht auf mich los! Ich versteckte meine Bücher unter verschwiegene Schatten eines Holunderstrauchs und suchte von Zeit zu Zeit mich in den Garten zu schleichen, um meiner Seele Nahrung zu geben. Diese verstohlenen Vergnügungen dauerten beinahe ein Jahr.

(...) Wenige Wochen nach diesem Tage gab meine Mutter ihrem Mann das dritte Kind, und ich hatte wieder meinen Posten bei der Wiege! Mein Trieb zum Bücherlesen schien hier völlig unterdrückt zu werden; es fehlte mir an Gelegenheit, und alle Klagen waren unnütz. Mein Stiefvater glaubte meine Bekehrung und überhäufte mich deshalb mit Lobsprüchen.

(...) Ich ward Frau und wußte mir noch kein anderes Ansehen als das eines Kindermädchens zu geben. Mein Mann erkundigte sich vor unserer Verheiratung nicht nach meinem väterlichen Erbteil; er unterließ dies aus einer angenommenen Großmut, aber ich empfand in der Folge, daß mein Vermögen für ihn zu klein gewesen. Unsere Gemüter harmonierten schlecht; mein reiches schmelzendes Herz, meine Zärtlichkeit und seine Begierde nach Reichtümern waren viel zu sehr verschieden, als daß eine Glückseligkeit in unserer Vereinigung möglich war. Meine einzige Erquickung fand ich in Büchern, mit welchen der Hirtenknabe mich noch immer versorgte; denn ich lebte wieder in derjenigen Stadt, auf deren Wiesen Rinder vor mir hergingen. Nun hingegen waren meine Tage arbeitsam; ich zerzauste entweder mit einem Holzblatt voll krummgebogener Stacheln Wolle und bereitete sie der Spinnerin zu, oder ich drehte mit meiner Hand unaufhörlich ein kleines Rad, Garn aufzuwinden für den schnellaufenden Weberspul. Hundert geistliche Lieder waren in meinem Gedächtnis; meine Geschäfte hinderten mich nicht, die schönsten davon zu singen. Vorzüglich waren Loblieder meine Wahl; ich fühlte Zufriedenheit, wenn ich sie sang, und tat mir selbst die Frage: sollte es wohl möglich sein, ein Lied zu machen? Ich kannte noch keinen Poeten außer einigen zerstreuten Blättern von Johann Franck, der durch verschiedene Kirchengesänge sein Gedächtnis verewigt hat. Seine Lieder waren meine Lieblinge, und die Überbleibsel seiner weltlichen Gedichte schwebten mir noch vor; ich fand sie in meinen Mädchenjahren auf dem Söller des Hauses meines Oheims bestäubt und voneinandergerissen. Es waren Hochzeitgedichte, mit viel Mythologie gemischt; ich verstand ihren Inhalt nicht, aber sie kamen mir schön vor. Ich besinne mich auf den Anfang des einen Gedichts, das die Aufschrift führte: „Cupido, ein Korbmacher", denn der Bräutigam hieß Korb; der Dichter sang also:

Frau Venus lud einmal auf ihren Kahn von Schnecken,
Den sie mit Teppichen von Purpur ließ bedecken,
Ein Haufen Nymphenvolk, mit ihr zu fahren, ein etc.

Ich vergaß das übrige, und ich wundere mich, daß die Werke dieses Sängers so ganz verloren gingen. Ich fand unter anderm auch die Auferstehung und Himmelfahrt des Messias, zwei prächtige Gedichte. Tausend Mal hieß ich den ehrlichen Franck einen göttlichen Mann und war nun bei der Zunahme meiner Kenntnis unwillig auf mich, daß ich jene Reime nicht in Verwahrung genommen hatte. Aber ich beschloß nun, selbst Versuche zu machen; ich wählte die Melodie irgend eines geistlichen Liedes, saß bei dem murrenden Rade und wiederholte den jetztgedichteten Vers so lange, bis er in meinem Gedächtnis haften blieb:

Mein Herz verschloß das Lied, bis nach den
Werkeltagen
Der stille Sabbat kam, dann erst entwarf mein Kiel
Die heimliche Geburt, die mir allein gefiel!

Immer lag ein Buch unter dem Kopfkissen meines Kindes; ich holte es hervor, so oft ich die Pflichten einer mütterlichen Amme erfüllte oder die Stelle der Wärterin vertrat. Ich las die „Asiatische Banise“, die arabische Geschichte „Tausend und eine Nacht“ und einen syrischen Roman: „Aramena“. Es waren hin und wieder Verse mit eingestreut, aber ihr Zwang mißfiel mir; ich faßte den stolzen Entschluß, etwas Besseres als der Romanendichter zu denken, und fand einen Band voll schwärmerischer Lieder; es waren leichte fließende Reime, welche mir dazu dienten, mich kühn zu machen.

Henry Miller

Ich ertränke mich darin

„Und nun zum Schluß fühle ich mich gedrängt, noch einmal die zu nennen, denen ich praktisch alles schulde: Goethe und Nietzsche. Von Goethe habe ich die Methode, von Nietzsche die Fähigkeit, in Frage zu stellen, und wenn man von mir verlangen würde, meine Beziehung zu letzterem auf eine Formel zu bringen, würde ich sagen, daß ich aus seinem ‚Ausblick' einen ‚Überblick' gemacht habe. Aber Goethe war, ohne es zu wissen, in seiner ganzen Denkweise ein Schüler von Leibniz. Und deshalb bin ich stolz, daß ich das, was schließlich (und zu meiner eigenen Überraschung) unter meinen Händen Form angenommen hat, trotz dem Elend und Ekel dieser Zeit als eine deutsche Philosophie ansehen und bezeichnen kann." (Blankenburg im Harz, Dezember 1922.)

Diese Zeilen aus dem Vorwort zu Spenglers Der Untergang des Abendlandes sollten mich viele Jahre verfolgen. Der Zufall will es, daß ich mich während der langen, jetzt begonnenen Nachtwachen darangemacht habe, dieses Buch zu lesen. Jeden Abend nach dem Essen gehe ich zurück ins Zimmer, mache es mir bequem und nehme dann diesen riesigen Wälzer vor, in dem das Panorama des Menschenschicksals entrollt ist. Ich bin mir voll bewußt, daß das Studium dieses großen Werkes einen neuen wichtigen Abschnitt in meinem Leben bedeutet. Für mich ist es nicht eine Geschichtsphilosophie oder eine „morphologische" Schöpfung, sondern ein Weltepos. Langsam, aufmerksam, jedes Stückchen genießend, während ich es zerkaue, schürfe ich immer tiefer und tiefer. Ich ertränke mich darin. Oft unterbreche ich die Bestürmung, indem ich auf und ab gehe, auf und ab. Manchmal finde ich mich auf dem Bett sitzen und die Wand anstarren. Ich sehe glatt durch die Wand: ich blicke tief in eine lebendige, unergründliche Vergangenheit. Manchmal trifft mich ein Satz oder eine Zeile mit so ungestümem Anprall, daß ich heraus aus dem Nest muß, Hals über Kopf hinunter auf die Straße stürze, wo ich wie ein Nachtwandler dahinwandere. Dann und wann finde ich mich in Joe's Restaurant an der Borough Hall wieder, wo ich eine üppige Mahlzeit bestelle: mit jedem Bissen scheine ich eine andere große Epoche der Vergangenheit zu schlucken. Unbewußt führe ich dem Ofen Nahrung zu, um mich zu einem neuen Ringkampf mit dem Moloch zu rüsten. Daß ich zum Brooklyner Bezirk gehöre, einer der Alteingesessenen bin, scheint absonderlich. Wie kann ein einfacher Brooklyner Junge alles das aufnehmen? Wo ist sein Paß nach den fernen Bereichen der Wissenschaft, der Geschichte, der Philosophie usw.? Alles, was dieser Brooklyner Junge weiß, ist zu ihm durchgesickert. Ich bin der Junge, der das Lernen verabscheute. Ich gehöre zu denen, die durchweg alle Denksysteme verwerfen. Wie ein auf stürmischem Meer umhergeschleuderter Korken folge ich der Kielspur dieses morphologischen Giganten. Es verwirrt mich, daß es mir gelingen soll, ihm auch nur entfernt folgen zu können. Folge ich, oder bin ich in den Sog eines Strudels geraten? Was befähigt mich, mit Verständnis und Genuß zu lesen? Woher kommt mir die Schulung, die Disziplin, die Aufnahmefähigkeit, die dieser Gigant verlangt? Seine Gedankengänge sind Musik für meine Ohren; ich erkenne alle die Melodien wieder, die ich verschüttet glaubte. Obwohl er ins Englische übersetzt ist, kommt es mir vor, als lese ich ihn in der von ihm geschriebenen Sprache. Sein Werkzeug ist die deutsche Sprache, die ich vergessen zu haben glaubte. Aber ich sehe, daß ich nichts vergessen habe, nicht einmal die Lehrpläne, denen ich einmal zu folgen vorhatte, es aber nie tat.

Von Nietzsche die Fähigkeit, in Frage zu stellen! Dieser kleine Satz begeistert mich.

Jean Paul

Er las ihn vierzigmal

Helf las. Vor den Augen des Voglers hätte er keinen Viertels-Abend über Büchern von Makulatur sitzen dürfen; jetzt konnt' er alles lesen, was er poetisches, juristisches, chemisches Gedrucktes aus dem Gewürzladen, seiner Lese-Bibliothek, vorbekam, und konnte unter dem Lesen an andere Sachen denken und in die köstlichsten Nebenträume fallen und zu jeder Seite Kuchen oder Äpfel abbeißen, gleichsam die sauber gestochnen Vignetten und Kupfer und Notenblätter seiner Makulatur. Nicht für jeden Gelehrten ist ungeachtet ihres kleinern Laden-Preises Makulatur eine Lektüre; aus Mangel an Titelblättern, und weil sie, wie das Epos, bald mitten, bald hinten anfängt, kann der Mann nichts daraus zitieren und saugt sich elend voll Kenntnisse, ohne instand zu sein, nur einen Tropfen wieder aus sich zu drücken mit beigefügtem Zitat; und doch bekommt er nur einen Namen durch Namen.

Hingegen floß die Makulatur so schön auf Fibels Leben ein wie eine zweite allgemeine deutsche Bibliothek und vertrat deren Stelle. Jene bildete ihn – da er vom Würzhändler Düten aus allen Fächern bekam – zu jenem Vielwisser, als welchen er sich im Abc-Buch überall durch Tierkunde, Erziehungs- und Sittenlehre, Poesie und Prose zeigt. Ebenso mögen aus Nicolais Bibliothek die jetzigen Viel- und Zuviel-Wisser hervorgegangen sein, bloß weil sie die Rezensionen aus allen und fremden Fächern nicht umsonst gekauft, sondern auch gelesen haben wollen.

Seit diesen Weihnachten aber kam Gotthelf ins Lesen hinein und war von niemanden mehr zu halten. Es gibt glückliche Menschen – z.B. ihn selber –, welchen ein Buch mehr ein Mensch ist als ein Mensch ein Buch, und welche in der Wahrheit den Irrtum des Franzosen Mr. Martin nachtun, der in seinem Verzeichnis der Bibliothek des Mr. de Bose das Wort gedruckt als einen Schriftsteller unter dem Titel Mr. Gedruckt an- und fortführt. Ich kenne wenige Literatoren, für welche nicht gedachter Herr Gedruckt der Kreisoberste und Kreisdirektor aller Erden- und Himmelskreise wäre und der einzige Mann, mit dem zu reden ist, und der neue Adam der Welt – und das Heckmännchen aller Männer und Zeiten und das absolute Ich; ich kenne, sag' ich, wenige.

Was der angehende Gelehrte Fibel vom obigen Verfasser Gedruckt auftreiben konnte, damit verstärkte er seine Büchersammlung unter dem Dache, mit einem Korrekturbogen – mit alten Kalendern – mit einem seltenen Fingerkalender – mit einem Stück Bücherverzeichnis – mit einem halben Bogen eines Registers – mit allem. Die ersten Lettern, womit die Pfarrers-Tochter als Namen-Setzerin auf Wäsche druckte, nahm er als wahre Inkunabeln erstaunend in die Hand; und er sah lange einem durchs Dorf gehenden Drucker durstend nach, der in einer – Kattunmanufaktur arbeitete. Die Anekdote ist bekannt, daß er schon jünger, da er sich eine gelehrte Feder wünschte, weil er so oft gelesen, daß aus einer gelehrten Feder so manches Buch geflossen, in einigem Mißverständnis aus dem Schwanze eines Stars, den Siegwart für einen gelehrten und gelernten Vogel erklärt hatte, mehrere Federn ausgezogen! Darauf habe – fährt die Anekdote fort – der Vogler, als er den Wildschaden am Steiße des Stars vorgefunden, dem Sohne zum simpeln Auszug der gelehrten Niete noch eine Prämie bewilligt, die er, wie bekannt, still mit der Hand austeilte an das Gliedmaß, das er eben traf. Die Mutter legte Sauerkraut auf die Beule.

Am meisten zog ihn ein alter Markgrafen-Hof- und Staatskalender an, und er las ihn vierzigmal, wie andere den Kant viermal und Bardili fünfmal. Das regierende Haus war zwar abgerissen; aber es waren noch immer hohe Chargen, Inspektionen und Deputationen genug darin, um ihn außer sich zu setzen; am meisten erstaunte und genoß er, daß sein Dorf und der Pfarrer mit hineingedruckt waren, samt den gemeinsten umliegenden Nestern mit Namen. Und Himmel, wie bewunderte er dabei das herrlich ineinandergefügte Uhrwerk des Staats, wo für das Kleinste und Größte zusammengreifende Dienerschaft bestellt dastand, die Bonnetische tierische Stufenleiter im geistigen Sinn. Er fühlte dunkel, daß es nichts Gerechteres, Weiseres, besser Verwaltetes gebe als einen Staat. Auch Verfasser dieses erinnert sich noch mit Sehnsucht aus seinen Knabenjahren dieses süßen Gefühls.

Es ist dies eine der unerkannten Kindheitsfreuden, daß man in dem Adreßkalender – diesem geistigen Hypothekenbuch der Staatsverwaltung – die festlich und ehrwürdig einherziehende Jubelkette des Staats, die Sattel- und Geschirr-Kammer von Bärten, Perücken, Uniformen und Degen für das ansieht, was sie so schön scheint. Was geht denn dieser Jugendfreude ab, an Gehalt, außer Dauer? – Und erquickt ihre Erinnerung nicht so oft den kalten Staatsbeamten, der später den Staat für eine Schützen-Gilde zum Abschuß eines Gewinst-Adlers oder eines Rebhühner-Volks ansieht, oder für ein Nest von Prozessions-Raupen auf der Staats-Eiche? – Ja wer unbefangen genug bleibt, entdeckt sogar reifer in Staatsgliedern noch manche Bewegungen, welche gleichsam seine alte Ansicht vorspiegeln; und er vergleicht es mit jenem Tabaks-Liebhaber, welcher, vom Schlagflusse getroffen, sich jede Viertelstunde regelmäßig bewegte, als nehm' er Tabak, und sich darauf ordentlich die Nase abrieb wie jeder.

Hugo Dittberner

Wir tauchen ein und sind weg

Vielleicht beginnt jede lebenslange Leidenschaft in einer zerstreuten, unbeobachteten Stunde der Kindheit. Ich war als Siebenjähriger allein in der Wohnung und fand beim Stöbern im Bücherschrank ein in braunes, geriffeltes Packpapier geschlagenes Buch, das fast auseinanderfiel, als ich es herauszog. Es war dick, schwer und unhandlich für mich, es war in mir ungewohnter deutscher Druckschrift gedruckt – und doch fand man mich später in einem Sessel wieder, als ich schon viele Seiten darin gelesen hatte. Das Buch war, wohl nicht ganz zufällig, „Winnetou I" von Karl May. Mein erstes Buch. Natürlich habe ich mich später gefragt, was mich an diesem Buch so gefesselt hat: welchen Anteil daran das Buch als Buch (sein Ort, sein Zustand, das Gefühl, es in der Hand zu halten und darin zu lesen), welchen Anteil Karl May und welchen dieses besondere Buch: sein Thema (das siegreiche Greenhorn), die spannende Geschichte, der Held daran hatte ... Ja, ich weiß, Arno: der herrschaftlich-männliche Ritt durch die Landschaft und tief in die Schlucht hinein wird eine Rolle gespielt haben. Niemand verzichtet drauf, Pionier zu sein, und sei es an der entlegensten, unerwartetsten Stelle. Gibt es Verführerisches als den Angeber, der sich noch als Untertreiber erweist?

Die behaglichen Stereotypen, Sam Hawkins' „wenn ich mich nicht irre!" (und er pflegt sich gewaltig zu irren!), lassen uns nie im Stich. Unvergeßlich die geschwellte Brust, die Lust am Kichern und Röhren, das Einkuscheln in der Nachbarschaft der Gefahr und eine merkwürdige Ahnung, als Nschotschi (das hieß: Schöner Tag) den zu Tode geschwächten Old Shatterhand stolz und doch fürsorglich fragt: „Kannst du schlingen?" (Meine Mutter ermahnte mich: „Schling nicht so!"), Stunden und Tage, die ein einziges Schwanken zwischen Souveränität und Albernheit waren, die sich noch in den fernsten Ländern und unter größten Gefahren bewähren konnten ...

(...) Wie herrlich aber, hell und dauerhaft beglückend ist das Buch zum Verschwinden, das Ferienbuch! Wir tauchen ein und sind weg, anderswo, wie in Trance die unaufschiebbaren körperlichen Bedürfnisse befriedigend, in Wahrheit aber kraftvoll in einer anderen Welt schweifend, liebend und leidend. Dick muß dies Buch sein und mit einem langen Atem geschrieben, weitherzig und leidenschaftlich, nicht ohne Humor oder doch wenigstens Ironie, so daß wir nicht bedrängt oder eingeengt werden von dieser Welt, der wir uns ungeschützt zugesellen. So wie George Eliots „Middlemarch".

Ganz anders dagegen die Bücher, denen wir uns in der Gesellschaft nicht entziehen können. Alle reden davon, man muß es gelesen haben, man sollte sich wenigstens informieren und ein eigenes Urteil anstreben ... Und um so trotziger schlägt man einen Bogen, nimmt das Buch allenfalls flüchtig in die Hand, liest Rezensionen, hört auf die Untertöne in den Briefen von Freunden, kurz: will herausfinden, ob dies Buch tatsächlich so überwältigend ist, ob es tätsächlich für mich, für mich speziell geschrieben ist und nicht eine von jenen Hülsen, in der sich sämtliche Hohlköpfe zu Hause fühlen. Dies ist das aktuelle, von den Wortführern und Meinungshütern verschlungene und beschwärmte Buch, das epochale Werk oder Kultbuch. Irgendein unergründlicher, jedenfalls nicht bis zur untersten Sohle ergründlicher Sog führt uns immer wieder zu diesem Buch, bis wir es doch noch kaufen (oder zu unserer Rettung das Ondit verstummt). Nun lesen und süffeln wir schließlich Peter Sloterdijks „Kritik der zynischen Vernunft" und sind überrascht, wie sympathisch und witzig, wie wenig lautstark das Buch ist, das solche Trommelwirbel begleiten.

Der Trommelwirbel, das Pathos der Epochen gebührt dem großen, wiedergelesenen Buch; doch angesichts des wahrhaft Großen wirkt der leichtfertige Superlativ eitel, und die rühmende Rede findet den würdevollen Ton – wie um zu beweisen, daß hier jedes Zusätzliche fehl am Platze ist, weil das Werk allein den Leser in seinen erzieherischen Bann zieht. Hier entspringt die Lust am Zitat, die Lust am Widerstand, dessen Überwindung uns erneuert und bestätigt. Nun denken die meisten an „Ulysses" oder an andere Bastionen der Moderne; ich aber habe diese Erfahrung zuerst mit Fontanes „Effi Briest" und vor der erschütternden Weisheit seiner Relativsätze gemacht.

(...) Doch ebenso wichtig wie die Bücher des Speicherns ist das eine Buch des Vergessens. Das von dem Ehrgeiz des geistigen Raffens und Anhäufens befreit, bei dessen Lektüre die Schultern leicht werden und ich mir des winzigen und doch ausreichenden Platzes inne werde, auf dem ich eine Weile wandeln darf. Das Buch über das ganz andere, das ich dann bin, wenn ich die Lektion der Stille lerne und mich gesammelt und gefestigt und frei fühle; jedenfalls solange ich Eugen Herrigels „Die Kunst des Bogenschießens" lese.

Wer will nicht wissen, was sich mit ihm und gegen ihn entwickelt! Die Bücher der Freunde – und auch der Feinde liest, wer sich den Auseinandersetzungen der Zeit stellt, wer weiß, daß Bücher uns beschenken und berauben können, uns unterstützen und behindern, uns wichtig oder nichtig machen. Bücher des Betriebs, die man besser nicht nennt. Doch auch persönlich unbekannte, längst tote Autoren können sich als Freunde (seltener als Feinde) erweisen. Ich lese Jane Austen so, Emerson und Nietzsche.

Zuletzt, am Ende des Tages, die letzten Buchstaben, vorm Einschlafen: Bücher, denen ich mich bis zur Sinnentleerung und Sinnverquerung anvertraue, Lieblingsbücher, die monatelang auf dem Nachtschrank liegen oder dort liegen würden, wenn ich sie nicht verliehen und nicht zurückerhalten hätte, wie Mirok Lis „Der Yalu fließt". Bücher, die man nicht fragt, auf welcher Seite, in welcher Zeile man ihre Lektüre unterbrechen mußte, weil man sie in Wahrheit immer liest und ihnen beim ersten Buchstaben so nah ist wie beim letzten.

Gerhard Roth

Es war ein angenehmes Gefühl der Schwere

Als Kind war Lesen für mich mit großen Mühen verbunden. Ich konzentrierte mich so auf das Entziffern von Buchstaben oder Aussprechen von Wörtern, daß mir der Zusammenhang des Gelesenen oft verlorenging. Namen brachte ich durcheinander, Fremdwörter oder Wörter, die ich nicht kannte, verwirrten mich um so mehr, je mehr ich von einem Buch gelesen hatte. Ortsnamen von fremden Städten hatten nichts Farbiges für mich, genauso wie es mich störte, wenn eine Geschichte nicht nur die Hauptfigur begleitete. Ich übersprang ganze Seiten, bis ich wieder auf den mir bekannten Namen stieß und las dann die ausgelassenen Seiten erst am Schluß nach. Farbige Illustrationen halfen mir sehr. Sie regten häufig meine Phantasie so stark an, daß ich doch zu lesen begann. Die meiste Zeit aber bedeuteten mir Bücher nicht viel. Ich besaß auch nur wenige: Winnetou Band 2, den ich nur zum Teil gelesen habe (ich habe überhaupt nie ein Buch von Karl May zu Ende gelesen), zwei Bücher von Josephine Siebe: Kasperle auf Reisen und Kasperle auf Burg Himmelhoch, die ich oft im Garten unter dem Marillenbaum in einem Liegestuhl las (ich habe eine sehr genaue Erinnerung daran, ich war plötzlich erstaunt, wie tief ich in die Geschichte eingedrungen war. Es war ein angenehmes Gefühl der Schwere, ein leichter Druck im Kopf, eine Müdigkeit, auf die ich stolz war, und dann wieder die Anstrengung und der Zwang weiterzulesen, um das körperlose Gefühl beim Tagträumen wiederzugewinnen: Das Sichselbstverlieren, eine andere Identität anzunehmen, WO ANDERS

ZU SEIN, ohne dort zu sein), ferner besaß ich ein Buch, das ich mehrmals gelesen habe: Dr. Dolittles Zirkus von Hugh Lofting. Mit jedem wiederholten Lesen erfuhr ich mehr von dieser Geschichte. Und gerade das brachte mich dazu, das Buch immer wieder zu lesen: Da waren Passagen, die ich ausgelassen hatte und die sich jetzt als unbekannter, spannender Teil in die Geschichte einschlossen, Namen, die ich beim ersten Mal bis zum Ende der Lektüre falsch gelesen hatte und die ich jetzt mit einigem Erstaunen richtig las, es schien mir, als sei dieses Buch jedesmal voll Überraschungen.

Aber ich las nicht oft. Einige Jahre später erst packte mich so etwas wie eine Leseleidenschaft: Es waren bunte Comic-Hefte: Tarzan, Akim, Prinz Eisenherz, Mickey Maus und Donald Duck, die damals bei vielen Eltern verpönt waren und darum, noch mit dem Ruch des Verbotenen behaftet, doppeltes Interesse hervorriefen. In der Schule wurden die Hefte ausgetauscht und eine Zeitlang gehörte es zum guten Ton, während des Unterrichtes zu lesen, ein Vergnügen, das ich in erster Linie deshalb genoß, weil man bei den Mitschülern den Eindruck von Kaltblütigkeit erwecken konnte, denn man lief Gefahr – wurde man entdeckt –, daß das Heft weggenommen und man bestraft wurde. Doch das Interesse an Comic-Heften ließ schon nach einigen Jahren nach und ich begann mich mehr für Mädchenbekanntschaften zu interessieren. Zwei, drei Jahre später verfiel ich tatsächlich dem Lesen, das seither zu einer Art Droge für mich geworden ist: Ich las so viele Schriftsteller, die mich beeindruckten, daß ich immer schwerer meine eigene Sprache fand ... Ich wollte schreiben wie Rilke und Trakl, wie Hemingway, wie Dostojewski und Hamsun, dann wie Borchert und Benn, Mann und Kafka ... ich lief tatsächlich Gefahr, mich mit dem Lesen selbst zu zerstören. Aber das Lesen half mir zugleich über Krankheiten und Depressionen hinweg, über Phasen der Kontaktlosigkeit und manchmal auch der Einsamkeit. Ich las alle „Jugendbücher“ im Nachhinein, zum Teil als ich schon über 20 war: Moby Dick und Robinson Crusoe, Tom Sawyer und Huckleberry Finn, den Lederstrumpf und den Seewolf, und ich lese diese Bücher auch heute gerne ...

„Es begann damit“ – und ich schreibe diesen Anfang deswegen gerne, weil ich viele Geschichten gelesen habe, die so oder so ähnlich anfangen, es begann also damit, daß ich in der Familie meiner Frau eine Menge Bücher vorfand, die ich mir, als mich langweilte, näher ansah. Ich suchte mir den Roman Radetzkymarsch von Joseph Roth aus und blätterte herum. Ich hatte mir das Buch wegen der Namensgleichheit von Joseph Roth mit meinem Namen ausgesucht, und außerdem erschienen mir der Buchtitel und der Umschlag – ein Foto aus einem K.u.K.-Film mit Rudolf Prack und Winnie Markus – dafür geeignet, meine Lesescham, die ich ein wenig empfand, leicht in Spott auf das Buch überzuleiten, falls mich jemand darauf ansprechen sollte. Es war ein stiller Herbstabend, ich glaube Sonntag, ich lag auf einer Couch und es wurde dunkel und ich las die Geschichte des letzten Trotta (da stand auch der Satz: „Er las keine Bücher und bemitleidete im stillen seinen heranwachsenden Sohn, der anfangen mußte, mit Griffel, Tafel und Schwamm, Papier, Lineal und Einmaleins zu hantieren, und auf den die unvermeidlichen Lesebücher bereits warteten“) und war bald so sehr gefangengenommen, daß ich am nächsten Tag meine Mutter bat, das Sonntagsgericht des Herrn von Trotta und Sipolje zu kochen: Nudelsuppe, Tafelspitz, rote Rüben, Spinat, Salat, Meerrettich und Kartoffeln mit Butter und als Nachspeise Kirschenknödel. Von da ab begann eine wilde, chaotische Phase des Lesens, ich las Alain-Fournier und André Gide, Musil und Joyce, Tschechow und Maupassant, Grass und Camus, und bald darauf versuchte ich selbst zu schreiben.

Hermann Hesse

Beim Wiederlesen des Maler Nolten

Bescheiden klopf ich wieder an dein Tor
Und tret in den geliebten Garten ein,
Da atm ich meiner Jugend Lieblingsflor
Aufs neue mit geschärften Sinnen ein.

Herüber duftet aus der Jugendzeit
Begeisterung entrückter Lesestunden,
Doch hab ich nie so tief wie jetzt im Leid
Geliebter Dichtung innigen Wert empfunden.

Aus kühlen Grotten ruft mir Blütenglut
Und süße Leidenschaft ihr Lied ins Herz,
Und heilig wird, was sonst so wehe tut;
Die Dichtung winkt, und lächeln lernt der Schmerz.

Gerhard Köpf

Es war ein Wunderbuch

Einmal geschah ein kleines Wunder. Während des langweiligen Auf- und Zuziehens sämtlicher Schubläden, sämtlicher Kästen, Kommoden und Wandschränke, die es in dieser lautlosen Wohnung gab, die kalt war wie ein Eisberg – da hatte ich auf einmal ein Buch gefunden. Es lag unter abgelegten Schals und war zuerst gar nicht richtig als Buch erkennbar. Obwohl ich bis dahin nie besonders viel gelesen hatte, vor allem, weil ich die meisten Lesebuchgeschichten fürchtete, begann ich dennoch wie unter Zwang, mich sofort für dieses Buch zu interessieren. Allein, daß ich es gefunden hatte, versetzte mich so sehr in einen Rausch der Begeisterung, daß ich vergaß, die Schublade mit den Schals und den Handschuhen wieder in Ordnung zu bringen und zu schließen. Ich nahm das Buch und setzte mich in den Nähstuhl am Fenster, schaltete Music in the Air ein und sah, ehe ich es genauer untersuchte, hinaus in den Abend, hinunter zu den Haselnußstauden. So saß ich eine ganze Weile und wurde sehr ruhig.

Das Buch lag wunderbar in der Hand. Es war eine Lust, es einfach anzufassen. Es hatte ungefähr die Größe eines Gebetbuches, war aber dünner als der Schott mit den bunten Lesebändchen, den mein Vater an hohen Feiertagen mit in die Kirche nahm. Besonders fasziniert hat mich der Einband des Buches: er war braun, ledrig, weich und fühlte sich so angenehm an wie Haut. Das Buch hatte kein Titelblatt und auch keine Abbildungen. Bald stellte ich fest, daß die ersten und die letzten Seiten fehlten. Vielleicht gehörte es in eine lange Reihe von Bänden, vielleicht war es erst der

Anfang einer wundersam verschlungenen Geschichte voll merkwürdiger Ereignisse, gefährlicher Abenteuer und verborgener Schätze. Oder es war ein Glied mitten aus einer solchen Kette, und ich kannte weder Anfang noch Fortsetzung noch Ende, sondern nur diesen einen unvollständigen Teil. Jedenfalls lag es anschmiegsam, federleicht und weich wie Haut in meiner Hand. Es hatte gelbliche, fettige, abgegriffene Seiten, an denen ich sofort roch und deren rauchiges, gegen die Mitte hin ein wenig feucht-gräbeliges Aroma ich gierig einsog. Und mir war, als hätte ich damit schon die Hälfte gelesen. Ich wiegte es hin und her, betastete es, ich glaube, ich streichelte es. Der Rücken bestand aus einem teilweise klebrigen, teilweise knochenbleichen drahtigen Gestrüpp aus Fäden, Nähten und verkrustetem Leim.

Es war ein Wunderbuch. Wie war es überhaupt in unsere Wohnung gekommen?

(...) Endlich begann ich, darin zu lesen. Und siehe da, neben diesem magischen Buch aus der Schublade für Handschuhe und Schals wurde das Lesebuch mit seinen scheußlichen Geschichten immer dünner und kleiner, bis es fast ganz verschwand. Ich vergaß alle Fotografien von Brigitte Bardot und ihrem trotzigen Mund. An diesem Abend hörte ich nicht einmal mehr, wie Music in the Air zu Ende ging. Ich saß im Nähstuhl meiner Mutter am Fenster und merkte gar nicht, daß es draußen längst vollkommen schwarze Nacht geworden war.

Ich stellte mir vor, der Schlaf komme aus dem Wald, und dann las ich nur noch. (...)

Seit ich (...) den ersten Satz gelesen hatte, waren Wohnung und halbverfallener Bauernhof oberhalb der Ortschaft, eingebettet in Viehweiden, von Haselnußstauden bekränzt, nicht länger von gußeiserner Angst gezeichnet, sondern friedfertig und sanft. Dachboden und Keller und alle halsbrecherischen Stiegen der Welt leuchteten wie mit Ofenrohrsilber angestrichen. Das Buch in der Hosentasche, traute ich mich auch (...) auf die Straße hinaus zum Friedhof. Von meinem Buch habe ich jedoch nie jemandem auch nur ein Sterbenswörtchen gesagt.

Ich las und las, und dabei verschwanden alle grausamen Lesebuchgeschichten in einem tiefen Brunnen, und alle stickigen Postsäcke und alle schwarzen, fledermausartigen Umhangmäntel verbrannten lodernd in einem mächtigen, glühenden Kachelofen.

Ror Wolf

Ich war auf der Suche nach Lesegrotten

Nehmen wir an, es war dreiundvierzig. Dann hatte ich also im Jahr dreiundvierzig, vielleicht gegen Abend, vom Schießteich aus, Hans-Schemm-Straße, Brudergasse Richtung Saalstraße, ein kleines bräunliches Buch aus dem Verlag Hartleben in der Tasche. Ich ließ die Verdunklung herunter. Ich blätterte ein bißchen herum. Plötzlich wurde ich eingesogen in dieses Buch; aufgeschluckt von einem Autor: Jules Verne.

Was wollte ich eigentlich damals haben? Das, was der Verlag Hartleben im Klappentext annoncierte? einen Autor, aus dessen Schriften man so leicht belehrt, so angenehm unterhalten werden kann? Ich wollte mich nicht belehren lassen. Auch nicht auf angenehme Weise. Ich war auf der Suche nach Lesegrotten, in die ich hineinspazieren konnte, in denen ich mich verlaufen konnte.

Diese Begegnung ist nicht ohne Folgen geblieben. Etwas glühte nach von damals, von den Überraschungen und Verblüffungen im Umgang mit seinen Büchern; und etwas von heute strahlt zurück auf dieses Erlebnis; etwas von heute, wo Jules Verne ganz in der Nähe von Kafka und Beckett und Robert Walser in meinem Regal steht.

Lesen und Leben sind bei mir, meine ich, zu stark miteinander vermischt. Das eine ist ohne das andere nicht denkbar. Aber gerade deshalb ist es auch schwer, mit Sicherheit zu sagen, was damals diesen außergewöhnlichen Eindruck auf mich gemacht hat. Seine Komik, seine Phantastik, seine eigenartige Poesie haben mich wahrscheinlich mehr fasziniert als das technische Inventar. So wie ich heute (und auf die Kopulation zwischen zwei Zeitabschnitten kommt es mir an) Verne nicht als den großen technischen Vorausschauer sehe. Das, was er an technischem Beiwerk anbietet, kann man ohne Mühe auch in den zeitgenössischen illustrierten Zeitungen, in Reiseberichten und Sachbüchern nachlesen. Verne hat das auch gelesen. Er hat alles geplündert, was ihm in die Hände kam. Er schnitt, sammelte, klebte wieder zusammen; und aus diesen Fetzen entstanden unerhört bizarre Bilderbogen mit merkwürdig zusammengeschrumpften Perspektiven.

Er ist nicht der Erfinder der Ballone und Unterseeboote und Flugmaschinen; aber er setzt sie in Bewegung, und sie bewegen sich nach seinem Kommando in seinen Büchern, die zugleich magisch sind und real, komisch und melancholisch, grausam zärtlich entsetzlich und poetisch und fratzenhaft und fabelhaft. Und dabei stellt er wie spielend eine sich fortwährend verändernde Umwelt dar.

Eine Zeit war Jules Verne aus meinem Leben verschwunden, aber 1960, gegen Abend, tauchte er plötzlich wieder auf. In einer Collage von Max Ernst: in der Ballongondel zusammen mit Fantômas und Dante, etwas in der Hand haltend wie ein Barometer oder ein Hygrometer oder ein Manometer.

Und wieder kurze Zeit später erschien er beim Blättern in alten illustrierten Zeitschriftenbänden, die mir die Antiquare damals fröhlich und rasch aus ihren Abstellkammern geholt haben, und die ich für etwas Kleingeld in großen Koffern nach Hause schleppte.

In der Leipziger Illustrierten, Jahrgang 1875, las ich: „Man liest diese Bücher anfangs mit Kopfschütteln. Wer soll heutzutage ganze Bände voller Windbeuteleien und Phantastereien lesen. Da ist die Zeit zu kostbar dazu, bald aber findet man, daß die Phantasie des Autors nur Beiwerk ist. Daß uns der Verfasser in allem Ernst“ (in allem Ernst! na also) „populäre wissenschaftliche Vorträge hält. Er ist ein verkappter Professor.“

Für Phantasie war also keine Zeit da. Auch 1875 nicht. Ein verkappter Professor!? Wohl doch eher einer, der sich als Professor verkleidet hat, um seine Windbeuteleien und Phantastereien an den Leser zu bringen. Nicht seine kolossalen Auftürmungen von Fakten, Zahlen und technischen Mitteilungen hatten mich fasziniert. Ich wollte Platz haben für meine Phantasie.

Und als ich im Jahrgang 1878 der Zeitschrift Das Neue Blatt las: dieser Mann belehre ja gar nicht, er „verwirre“ vielmehr, weil er „die Grenzen zwischen der realen und der phantastischen Welt absichtlich verwische“. Na bitte. Ich glaube, in diesem Moment hatte mich Jules Verne ganz verwirrend und ohne allen Ernst wieder für sich gewonnen. Und heute kommt es mir vor, als seien auch seine wütenden und hinterlistigen und opulenten Angebote von Details, seine stampfenden Wortreihen so etwas wie eine Vorwegnahme einer poetischen Methode von heute.

Dieser Mann mit dem Bart, der so fest auf dem Boden der Zahlen, Fakten, Belege zu stehen scheint, er springt fortwährend hinaus in eine knollige wuchernde sinnliche seltsam komische Landschaft, er springt, schnaubt und fliegt in die Luft oder taucht hinab. Er bewohnt eine Welt, in der es zischt, pfeift und knallt und in der überall die mit Zahlen, Fakten, Belegen gefüllten Mundblasen aufsteigen und zerplatzen. Er läßt seine Phantasie tanzen, wie Robert Walser es mit den Worten macht.

So schwirrte ich atemlos mit Jules Verne eine Zeit durch die Gegend, bis er von der krachenden Faust Old Shatterhands zu Boden geschmettert wurde. Dann bestieg ich mein Pferd und ritt ein paar Jahre mit Bärentöter und Henrystutzen beim Untergang der Sonne davon. Schließlich verschwand ich am Horizont. Später kam wieder was anderes. Und so ging es weiter. Und am Ende war Jules Verne wieder da und rief unerhörte und folgenreiche Worte. Ich glaube, so war es.

Ernst Bloch

Wie das alles ineinander schäumte

Was Jungens gern lesen, ist immer gut. In frühen Jahren las man in Weihnachtsbüchern so gegensätzliche Satzbilder wie etwa das folgende: „Eiskalt pfiff der Nordwind über die öde Prärie“; eine ungeheure Wärme war in diesem kalten Satz, ein Hinterglas-Ich ritt mit dem Westmann durch ein Abziehbild, das sich wundervoll löste. In ‚gebildeten‘ Bildern oder Büchern ist das Fenster niemals; doch freilich, ich vergesse: das Zimmer in der Bakerstreet, wo Sherlock Holmes wohnt, liegt noch heute manchmal dahinter: wenn der Regen an die Scheiben schlägt, Sherlock Holmes sitzt mit Dr. Watson am Kamin, und es schellt. Mit dem Fenster wie mit einer Maske angetan trat man heraus und endlich nach außen, ins Freie. Da lag die Welt oder das Symbol der Welt aller unserer früheren und jetzigen Bücher, die man immer wieder las, weil man sie vergaß wie einen Traum. Das Licht in den Buden brannte und hinter den Bäumen leuchtet es vor, das Zigeunerweib hat das Grafenkind gestohlen, Rumpelstilzchen haust wo die Wölfe und Füchse sich gute Nacht sagen, das Zauberpferd steigt, der Magnetberg droht, Zaleukos, so empfängst du deinen Gastfreund? Lässig schlugen die Segel an den Mast der Brigg, indessen saß Kilian in seiner Hütte, Mitternacht war längst vorüber und ehe noch der Morgen graut, müssen die Yumas umzingelt sein, Sam Hawkens, Old Wabble, Old Death, Old Surehand, Old Firehand durchstreiften die weite Prärie. Nscho-tschi leuchtete, Winnetou umarmte Old Shatterhand und nun erst wurde er erkannt, der Blizzard rast, der Hurrikan, der Monsun, der Taifun, dumpf setzt er an, wie eine überblasene Baßtrompete, und nun schwang sich die Fahrt herüber, fort vom Fourche la fave, von Little Rock, vom öden Llano estacado und den Rocky Mountains, tief ins heiße wimmelnde Asien, den Weg herauf von Bagdad bis Stambul, treu reitet Halef zur Seite, der verfolgte Krumir macht selbst den Führer über Schott Dscherid, den furchtbaren Salzsee. Kräftig begegnen sich Licht und Finsternis, Omar und Abrahim Mamur, Schimin der Schmied, der Bettler Busra, der alte Mübarek, der Tod des Schut und das Reich des silbernen Löwen. Wie das alles ineinander schäumte, so nährte und umklang es die Knabenseele, mischte ihr die Sehnsüchte, immer heftiger glühten Mädchen, energische Gelage, Tausendundeine Nacht herein. Über den Tälern, Ebenen, Schluchten, Gebirgen, gefährlichen Städten leuchtete bald das Nordlicht erster metaphysischer Ahnung. Kurz, es gab keinen Alltag in dieser Zeit, jenseits der Schule; alles war übertrieben oder wurde gänzlich still, in der ersten Liebe, an den Wassern des Rokokogartens, im Lesen der ersten spekulativen Bücher.

Franz Hessel

Ein Ästhet war man, ein reiner Genießer

Wie schön war die Zeit, als man noch las, ohne zu verstehen!

Da hat man zum Beispiel zu Weihnachten den „Tell" geschenkt bekommen, Schillers „Wilhelm Tell". Man war erst acht Jahre alt. In der Schule wird dieser „Tell" erst in zwei Jahren gelesen werden. Neugierig hat man sich den „Tell" gewünscht, des Namens wegen. Am Heiligen Abend hat das Kind das kleine blaue Buch eigentlich nur gestreichelt und bisweilen, Marzipan kostend, hineingeschaut. Nun aber ist Feiertagsmorgen. Das Kind ist ganz allein in der guten Stube, in welcher der Weihnachtsbaum steht. Es streift an der Seite des Tisches, wo seine Geschenke liegen, die für die Nacht übergeschlagene Decke zurück, nimmt das Buch heraus, setzt sich auf den Schaukelstuhl. Aber das ist noch nicht der richtige Leseplatz. Es wechselt hinüber zum Sessel, vor dem die Fußbank ist. Es kniet auf die Fußbank, legt das Buch auf das blaue Eiderdaunenkissen, das sich in den Sessel schmiegt, schlägt auf, liest.

Erst kommen die Verse vom Fischerknaben, vom Hirten und vom Alpenjäger. Die liest es noch nicht so genau. Die schaukeln schnell von Zeile zu Zeile und gehen sanft ein. Aber dann kommt Ruodi, der Fischer, aus der Hütte und beginnt:

„Mach hurtig, Jenni. Zieh die Naue ein." Naue!
Wie geheimnisvoll.

„Der graue Talvogt kommt, dumpf brüllt der Firn." Das sind Sturmgeister. Sie brausen daher. Und was der Fischer ankündigt, bestätigt der Hirt:

„'s kommt Regen, Fährmann. Meine Schafe fressen mit Begierde Gras, und Wächter scharrt die Erde."

Was tut da die Erde? Sie scharrt Wächter? Scharrt, weil sie sich fürchtet vor dem Sturm, vor all den bösen Wesen, dem Talvogt, dem Firn, dem Mythenstein mit seiner kriegerischen Haube. Wachtposten empor. Wächter scharrt die Erde!

Später, wenn man dann den „Tell" in der Schule „hat", kommt heraus: Die Naue ist ein Boot, der Mythenstein ist ein Berg. Und nicht die Erde scharrt Wächter, sondern der Hund, der Wächter heißt, scharrt die Erde. Ist auch ganz schön, aber eigentlich war es noch schöner, als man noch nicht verstand ... als sie selbst, die Göttin, die Erde, scharrte – mitten im Weihnachtszimmer, durch dessen Tannen- und Marzipanduft ferner Sturm brauste, als noch die Zeit war, da man Mythen schuf rings um das schmal behütete Kinderreich, die Zeit, da in dem schönen Lied von der „Brigg dort auf den Wellen" zuletzt das verlorene Boot des Retters von einem Dämon ans Land getrieben wird. Kieloben heißt der Dämon! „Kieloben treibt das Boot zu Lande, und sicher fährt die Brigg vorbei." Ja, da hockt man, von Geistern umgeben. Sie waren unheimlich, aber anhaben konnten sie einem doch nichts. Ein Ästhet war man, ein reiner Genießer, hatte eine angenehme Art mit Tod und Teufel zu verkehren ... Wie schön war die Zeit, als man noch las, ohne zu verstehen!

Alan Sillitoe

Ich lebte in der Abenteuerwelt meines Buches

In der Schule machte mir nur das Lesen Spaß. Sonst gab es nicht viel. Rechnen mochte ich nicht, und Schreiben konnte ich nicht ausstehen. Aber wenn ich las, versank das Klassenzimmer um mich her, und ich lebte in der Abenteuerwelt meines Buchs, so daß es genau so war, als säße ich überhaupt nicht in der Schule, und das war die einzige Art, ihr zu entgehen, ohne zu schwänzen. Der Lehrer erwischte mich immer wieder dabei, aber stets holte ich mir das abgenommene Buch zurück, auch wenn er einmal die Beherrschung verlor und mich schlug. Er war ein junger Mann, und so verwirrte es ihn, daß er mich im Grunde nicht wirklich einen Dummkopf nennen konnte – obwohl ich vielleicht einer gewesen bin –, weil ich die anderen Sachen nicht genauso gut lernte.

Zu Hause hätte ich mich um keinen Preis mit einem Buch sehen lassen – jedenfalls nicht solang ich zur Schule ging. Sie hätten mich entweder für verrückt oder für krank gehalten, und ich wollte nicht, daß sie mich ins Bett steckten oder ohne triftigen Grund einen Doktor holten. Als ich dann aus der Schule war, las ich bei der Arbeit, und da wurde es mir noch übler genommen als zuvor. Nachdem ich deswegen schon aus ein paar Fabriken hinausgeworfen worden war (wo ich den Gestank und Lärm sowieso nicht ausstehen konnte – von der Arbeit ganz zu schweigen), suchte ich mir nur noch Posten als Laufbursche oder Bote, wo ich ein mit Kleidern oder Kolonialwaren hochbeladenes Fahrrad von einem Ort zum anderen schieben konnte. Auf dem Rückweg lehnte ich das Fahrrad dann an die

Mauer einer Kanalbrücke und las eine halbe Stunde in meinem Buch oder Comic-Heft. Die Folge war, daß man mich für intelligent hielt, weil ich mich nie verfuhr, aber für nicht sehr fleißig, weil ich immer so lang brauchte.

Auf einer Fahrt trödelte ich durch die Stadt und besah mir das Schaufenster einer Buchhandlung. Einer der Titel, die mich fesselten, war Der Weg allen Fleisches. Ich stand in meinem Overall da und starrte das Buch an, und als ein junges Mädchen neben mir vor dem Schaufenster stehenblieb, wurde ich etwas verlegen, weil ich glaubte, sie dächte, ich hätte nur Augen für ein Buch mit einem solchen Titel. In gewisser Weise stimmte es auch, aber ich wich und wankte nicht. Bücher über Sex las ich immer gern, und von diesem hatte ich noch nichts gehört, und da es ein Paperback war, ging ich in den Laden, um es zu kaufen. Das Mädchen, eine junge blonde Schönheit von Büromädchen, zweifellos, hatte sich ebenfalls entschlossen, irgend etwas zu kaufen und stand vor dem Buchregal, von dem ich wußte, daß ich dort finden würde, was ich suchte. Ich hielt mich also zurück und betrachtete eine Reihe von Gebetbüchern und Bibeln, wobei ich nicht begreifen konnte, warum es sie in demselben Laden wie die andere Art von Büchern gab, auf die ich aus war.

Ein Gehilfe fragte, was ich wünschte, und ich sagte, ich sähe mich bloß um, so daß sich der Naseweis zu seinem Tisch zurücktrollte, um weiter Pakete zu packen. Ich war von meiner Arbeitsstelle schon recht lange weg, und weil sich das Mädchen von den Regalen mit den Paperbacks nicht wegrührte, entschloß ich mich, am folgenden Tag wiederzukommen. Das tat ich dann auch, und als ich das Buch gefunden, dem Verkäufer gegeben und bezahlt hatte, steckte er es gewissenhaft in eine Tüte, damit niemand denken sollte, ich hätte es gestohlen, als ich wieder ging.

Aber ein zweites Buch steckte bereits sicher unter meiner Jacke, nach dem Prinzip „kauf eins – klau eins“, was lediglich bedeutete, daß ich beide für den halben Preis bekommen hatte. Schließlich war ich ja kein Dieb, der etwas umsonst kriegen wollte! Das Buch, das ich nebenbei mitgenommen hatte, hieß Die göttliche Komödie, und ich dachte, es wäre sicher auch unanständig, besonders weil es von einem Italiener geschrieben war. Ich freute mich so über meinen Fischzug, daß ich abends am Kaminfeuer zu lesen begann, sobald Mutter weggegangen war. Augen und Geist warteten begierig, als ich beide Füße auf die Kohlenschütte legte und Der Weg allen Fleisches aufschlug. Daß es leicht zu lesen sein würde, hatte ich sowieso nicht angenommen, weil ich wußte, daß man bei dieser Art von Penguin-Buch kaum damit rechnen konnte, daß schon auf den ersten fünfzig Seiten irgendwer mit irgendwem ins Bett ging. Aber dann stellte sich heraus, daß es so interessant war, daß ich mit dem Lesen nicht aufhören konnte, und als Mutter um halb elf zurückkam, hatte ich ganz vergessen, was ich von dem Buch erwartet hatte, als ich es aufschlug.

Danach verschlang ich noch andere gute Bücher, und obwohl ich eigentlich nie so richtig das fand, was mich in erster Linie zum Lesen gereizt hatte (was nicht sagen soll, daß ich immer enttäuscht war), merkte ich trotzdem, daß an diesen Büchern mehr dran war als an Sex- und Gangstergeschichten.

Marcel Proust

Die ständige Möglichkeit, auf die schönsten Sätze zu stoßen

Madame Santeuil hatte Jean gestattet, an diesem Morgen nicht auszugehen. Obwohl sie ihm anempfohlen hatte, nicht zuviel zu lesen, war er, da er sich allein sah, doch entzückt bei dem Gedanken, daß er wenigstens hundert Seiten von dem Buch, für das er so sehr schwärmte, „Le Capitaine Fracasse", werde bewältigen können. Wir bilden uns häufig ein, wir würden ein großes Vergnügen daran finden, von Literatur und allen möglichen sonstigen Dingen mit einem sehr gescheiten, sehr jungen Menschen zu reden. In Wirklichkeit würde, was wir ihm vorlesen oder sagen könnten, ihm sehr mittelmäßig erscheinen, und umgekehrt seine Vorliebe für dieses oder jenes uns gar nicht interessieren. Wir stellen uns die Dinge, die wir lieben, immer so vor, als ob die Schönheit, die uns entzückt, ganz offen bei ihnen zutage liege. In Wahrheit aber bekundet diese Schönheit sich im Innern unseres Verstandes, und wenn ihre Erkenntnis sich schließlich in uns zu einem Hang auswächst, unter dessen allzu seltener Befriedigung wir leiden, wird sie oft für uns ein Joch, an dem wir sehr schwer zu tragen haben. Vielleicht hatte Jean beim Lesen der ersten Seiten des „Capitaine Fracasse" einige Mühe gehabt, sich an Beschreibungen zu gewöhnen, die mit nichts von alledem zusammenhingen, was er von sich aus schön fand (den Mondschein, den Gesang der Vögel, die griechischen Götter), in denen auf den Tischen Staub lag und die Wände schmutzig waren, sowie an eine Art von Ironie, von Unterhaltung mit dem Leser, die ihm sehr mißfiel. Es scheint sogar tatsächlich, daß er nach ein paar Seiten das Buch aus der Hand gelegt und in das Regal zurückgestellt hatte, wo es ziemlich lange ruhen sollte, so wie wir manchmal mit einer Person eine erste Begegnung haben, die eher unangenehm verläuft und keine Erinnerung in uns zurückläßt, bis wir diese Person dann wieder treffen und sie schnell für uns etwas wie eine neue Person wird, so daß jene, die wir zuerst gekannt haben und die so anspruchsvoll und unliebenswürdig war, uns als ein ganz anderes Wesen erscheint, das wir nicht ohne Mühe mit dem uns jetzt so befreundeten zu identifizieren vermögen. Welche zufälligen Umstände ihn erneut mit „Capitaine Fracasse" zusammenführten, weiß man nicht. Jetzt aber war dieses Buch der Freund, an den man unaufhörlich denkt und dessen Gesellschaft die Stunden, da man sie genießt, köstlich macht, ob es nun regnet oder schneit oder die Sonne lächelt.

Solange man ein Kind ist, liebt man einen solchen Freund nicht nur, man bewundert ihn. Man glaubt ihn, unter Ausschluß von allen übrigen, mit jeder Einsicht und jeder Macht begabt. So erging es Jean nun mit diesem Buch. Was ihn bei seiner Lektüre entzückte, war die ständige Möglichkeit, auf die schönsten Sätze zu stoßen, die dem Menschen, wie er meinte, zu hören gegeben seien. Vielleicht würden heute diese Sätze seinem Ohr sehr mittelmäßig erscheinen. Damals konnte nicht ausbleiben, daß gewisse Wendungen wie „woraus sich dartun läßt", gewisse Archaismen, wie zum Beispiel „der gute Homerus", der Gebrauch gewisser seltener Wörter wie „adonishaft", „olympisch", gewisse zugleich klangvolle und bilderreiche Phrasen ihn in eine Art von Rausch versetzten, daß er sie mit Entzücken und mit Tränen in den Augen wieder und wieder las und ihn jedesmal, wenn es wieder in gleicher Weise mit einem „woraus sich dartun läßt" oder einem erneuten „wie Homerus sagt" anging, in Erwartung der göttlichen Wendung, die nun folgen würde, eine Art von Angst befiel, wie etwa ein Kind, das einer Welle entgegenläuft. Dabei entsprachen diese Sätze wohl nicht einmal eigentlich einem wirklichen Schönheitsempfinden im Herzen der Menschen, sogar junger Menschen, wenn man will, sondern nur der Jünglinge, die in dieser Lebenszeit Gautier näher stehen als wir und die besser als wir eine Schönheit wahrzunehmen vermögen, die wir nicht mehr zu sehen in der Lage sind. Jedesmal aber, wenn außerhalb des Verlaufs der Handlung eine jener Betrachtungen, einer jener Sätze eingeschoben war, die keine unmittelbare Beziehung zu der Erzählung hatten, war er besonders glücklich. Denn ein Schriftsteller, den wir verehren, wird für uns zu einer Art von Orakel, das wir gern über alle Arten von Gegenständen befragen würden; jedesmal, wenn er das Wort ergreift, um seine Meinung bekannt zu geben, eine allgemeingültige Idee zu äußern, seinerseits über diesen Homer, diese uns bekannten Götter zu sprechen, sind wir entzückt und lauschen haltlos staunend der Maxime, die von seinen Lippen träuft, freilich auch tief enttäuscht, daß sie so kurz ausfällt. Haben wir aber das Buch einmal beendet und können uns jetzt, da wir das Ende schon kennen, für das Leben des Kapitän Fracasse nicht erneut interessieren, da ja alles, was uns ungewiß, ängstlich, der Wirklichkeit entnommen schien, nun, da die Fortsetzung schon unveränderlich feststeht, abgeschmackt wie eine Erfindung ohne Leben vorkäme, werden wir doch immer noch wieder die Sätze über Homerus, den „Sieur Shakespeare, einen in England sehr bekannten und von der Königin Elisabeth protegierten Dichter“ goutieren – letzteres ein Anflug von Lokalfarbe, der uns etwas fade erscheinen mag, aber sehr wohl einen jungen Menschen entzücken kann, dem die tiefsten Betrachtungen Goethes über „Hamlet“ banal und bar des

Zaubers erscheinen würden, welchen er immer wieder in jenem selbst hundertmal wiederholten Satz zu finden vermag, so wie wir ja auch einer geliebten Melodie niemals müde werden.
Im übrigen sah er alle Personen des Buches so, als hätten sie keinerlei Beziehung zu irgendwelchen anderen, und man hätte ihm viele Illusionen geraubt, würde man ihm gesagt haben, daß dies ein Buch sei wie der „Roman comique", wie „Wilhelm Meister", wie „Consuelo" – alles Werke, die ihm zweifellos damals langweilig vorkamen. Das einzige, was er jederzeit gern gelesen hätte, war eben Théophile Gautier. Zu denken, daß „Wilhelm Meister" vielleicht dem „Capitaine Fracasse" ebenbürtig sei, hätte sein Entzücken stark vermindert, denn dieses Buch kam ihm ganz einzigartig und keineswegs nur wie irgendein Roman vor, der von Schauspielern handelte. Im übrigen hatte er gar nicht recht verstanden, daß die Erzählung eine Schauspielergeschichte war, denn solange das Genie des Autors uns derart entzückt, daß wir mit Freude in den kleinsten Fugen der Darstellung jeden Satz über Gegenstände aufgreifen, die wir kennen, die aber der Geist des Verfassers verschönt, indem er an sie rührt, und die auch das, was er sagt, für uns interessanter machen, kommen seine Personen uns derart lebendig vor, daß wir nicht gern denken, eine künstliche Erfindung habe sie und keine anderen auf den Plan gerufen. Und zudem sind wir auch schon großer Leidenschaften für lebende Personen sowie für die aus Büchern fähig, ohne noch irgend etwas vom Leben zu wissen, ohne noch die meisten seiner Bezüge zu kennen. Wir brauchen noch kaum überhaupt zu wissen, was Komödianten sind, und können doch in der Fähigkeit, den Zauber des Stils zu verspüren, schon weitaus fortgeschrittener sein. Ja, ich möchte sagen: wir können in der Fähigkeit, den Stil zu genießen, sogar erst

wenig fortgeschritten und doch zu stofflicher Aufmerksamkeit so spärlich befähigt sein, daß uns, wenn wir ein Buch mit Leidenschaft lesen, die Einzelheiten einer Situation entgehen. Viele Dinge, die wir nicht begreifen, machen die Begebenheiten aus Büchern sowohl wie aus dem Leben in diesem Alter zu einer Art von Träumen, in denen gewisse Partien unaufgehellt bleiben. Deswegen sind wir aber allen den Teilen gegenüber, die wir verstehen, stärkerer Gefühlsregungen fähig, als wir sie später jemals aufbringen werden. Und zugleich mit etwas nicht völlig Geklärtem, das vielleicht ihren Zauber noch mit einem Hauch von Geheimnis versetzt, bewahren diese Personen aus Romanen, die wir sehr jung gelesen haben, eine Anziehungskraft, die eine erneute Lektüre des Buches zu einem Zeitpunkt, zu dem wir über mehr Verständnis und weniger Empfinden verfügen, uns vielleicht nicht mehr würde schenken können.

Michael Ende

Er mußte dieses Buch haben

Bastian wurde sich bewußt, daß er die ganze Zeit schon auf das Buch starrte, das Herr Koreander vorher in Händen gehalten hatte und das nun auf dem Ledersessel lag. Er konnte einfach seine Augen nicht abwenden davon. Es war ihm, als ginge eine Art Magnetkraft davon aus, die ihn unwiderstehlich anzog.

Er näherte sich dem Sessel, er streckte langsam die Hand aus, er berührte das Buch – und im gleichen Augenblick machte etwas in seinem Inneren „klick!", so als habe sich eine Falle geschlossen. Bastian hatte das dunkle Gefühl, daß mit dieser Berührung etwas Unwiderrufliches begonnen hatte und nun seinen Lauf nehmen würde.

Er hob das Buch hoch und betrachtete es von allen Seiten. Der Einband war aus kupferfarbener Seide und schimmerte, wenn er es hin und her drehte. Bei flüchtigem Durchblättern sah er, daß die Schrift in zwei verschiedenen Farben gedruckt war. Bilder schien es keine zu geben, aber wunderschöne, große Anfangsbuchstaben. Als er den Einband noch einmal genauer betrachtete, entdeckte er darauf zwei Schlangen, eine helle und eine dunkle, die sich gegenseitig in den Schwanz bissen und so ein Oval bildeten. Und in diesem Oval stand in eigentümlich verschlungenen Buchstaben der Titel:

Die unendliche Geschichte

Es ist eine rätselhafte Sache um die menschlichen Leidenschaften, und Kindern geht es damit nicht anders als Erwachsenen. Diejenigen, die davon befallen werden, können sie nicht erklären, und diejenigen, die nichts dergleichen je erlebt haben, können sie nicht begreifen. Es gibt Menschen, die setzen ihr Leben aufs Spiel, um einen Berggipfel zu bezwingen. Niemand, nicht einmal sie selbst, könnten wirklich erklären warum. Andere ruinieren sich, um das Herz einer bestimmten Person zu erobern, die nichts von ihnen wissen will. Wieder andere richten sich zugrunde, weil sie den Genüssen des Gaumens nicht widerstehen können – oder denen der Flasche. Manche geben all ihr Hab und Gut hin, um im Glücksspiel zu gewinnen, oder opfern alles einer fixen Idee, die niemals Wirklichkeit werden kann.

Einige glauben, nur dann glücklich sein zu können, wenn sie woanders wären, als sie sind, und reisen ihr Leben lang durch die Welt. Und ein paar finden keine Ruhe, ehe sie nicht mächtig geworden sind. Kurzum, es gibt so viele verschiedene Leidenschaften, wie es verschiedene Menschen gibt.

Für Bastian Baltasar Bux waren es die Bücher.

Wer niemals ganze Nachmittage lang mit glühenden Ohren und verstrubbeltem Haar über einem Buch saß und las und las und die Welt um sich her vergaß, nicht mehr merkte, daß er hungrig wurde oder fror –

Wer niemals heimlich beim Schein einer Taschenlampe unter der Bettdecke gelesen hat, weil Vater oder Mutter oder sonst irgendeine besorgte Person einem das Licht ausknipste mit der gutgemeinten Begründung, man müsse jetzt schlafen, da man doch morgen so früh aus den Federn sollte –

Wer niemals offen oder im geheimen bitterliche Tränen vergossen hat, weil eine wunderbare Geschichte zu Ende ging und man Abschied nehmen mußte von den Gestalten, mit denen man gemeinsam so viele Abenteuer erlebt hatte, die man liebte und bewunderte, um die man gebangt und für die man gehofft hatte, und ohne deren Gesellschaft einem das Leben leer und sinnlos schien –

Wer nichts von alledem aus eigener Erfahrung kennt, nun, der wird wahrscheinlich nicht begreifen können, was Bastian jetzt tat.

Er starrte auf den Titel des Buches, und ihm wurde abwechselnd heiß und kalt. Das, genau das war es, wovon er schon oft geträumt und was er sich, seit er von seiner Leidenschaft befallen war, gewünscht hatte: Eine Geschichte, die niemals zu Ende ging! Das Buch aller Bücher!

Er mußte dieses Buch haben, koste es, was es wolle!

Koste es, was es wolle? Das war leicht gesagt! Selbst wenn er mehr als die drei Mark und fünfzehn Pfennig Taschengeld, die er bei sich trug, hätte anbieten können – dieser unfreundliche Herr Koreander hatte ja nur allzu deutlich zu verstehen gegeben, daß er ihm kein einziges Buch verkaufen würde. Und verschenken würde er es schon gar nicht. Die Sache war hoffnungslos.

Und doch wußte Bastian, daß er ohne das Buch nicht weggehen konnte. Jetzt war ihm klar, daß er überhaupt nur wegen dieses Buches hierhergekommen war, es hatte ihn auf geheimnisvolle Art gerufen, weil es zu ihm wollte, weil es eigentlich schon seit immer ihm gehörte!

Bastian lauschte auf das Gemurmel, das nach wie vor aus dem Kabinett zu hören war.

Ehe er sich's versah, hatte er plötzlich ganz schnell das Buch unter seinen Mantel gesteckt und preßte es dort mit beiden Armen an sich. Ohne ein Geräusch zu machen ging er rückwärts auf die Ladentür zu, wobei er die andere Tür, die zum Kabinett, ängstlich im Auge behielt. Vorsichtig drückte er auf die Klinke. Er wollte verhindern, daß die Messingglöckchen Lärm machten, deshalb öffnete er die Glastür nur so weit, daß er sich gerade eben durchzwängen konnte. Leise und behutsam schloß der die Tür von draußen.

Erst dann begann er zu rennen.

(...) „Eins steht fest: Du hast mir dieses Buch nicht gestohlen, denn es gehört weder mir noch dir, noch sonst irgendeinem anderen. Wenn ich mich nicht irre, dann stammte es selbst schon aus Phantásien. Wer weiß, vielleicht hat es in genau diesem Augenblick gerade jemand anders in der Hand und liest darin."

„Dann glauben Sie mir also?" fragte Bastian.

„Selbstverständlich", antwortete Herr Koreander, „jeder vernünftige Mensch würde das tun."

„Ehrlich gesagt", meinte Bastian, „damit habe ich nicht gerechnet."

„Es gibt Menschen, die können nie nach Phantásien kommen", sagte Herr Koreander, „und es gibt Menschen, die können es, aber sie bleiben für immer dort. Und dann gibt es noch einige, die gehen nach Phantásien und kehren wieder zurück. So wie du. Und die machen beide Welten gesund."

„Ach", sagte Bastian und wurde ein wenig rot, „ich kann eigentlich nichts dafür. Um ein Haar wäre ich nicht zurückgekommen. Wenn Atréju nicht gewesen wäre, säße ich jetzt bestimmt für immer in der Alten Kaiser Stadt."

Herr Koreander nickte und paffte nachdenklich vor sich hin. „Tja", brummte er, „du hast Glück, daß du einen Freund in Phantásien hast. Das hat, weiß Gott, nicht jeder."

„Herr Koreander", fragte Bastian, „woher wissen Sie das alles? – Ich meine – waren Sie auch schon mal in Phantásien?"

„Selbstverständlich", sagte Herr Koreander.

„Aber dann", meinte Bastian, „dann müssen Sie doch auch Mondenkind kennen!"

„Ja, ich kenne die Kindliche Kaiserin", sagte Herr Koreander, „allerdings nicht unter diesem Namen. Ich habe sie anders genannt. Aber das spielt keine Rolle."

„Dann müssen Sie doch auch das Buch kennen!“ rief Bastian, „dann haben Sie ja doch die Unendliche Geschichte gelesen!“

Herr Koreander schüttelte den Kopf.

„Jede wirkliche Geschichte ist eine Unendliche Geschichte.“ Er ließ seinen Blick über die vielen Bücher schweifen, die bis unter die Decke hinauf an den Wänden standen, dann zeigte er mit dem Stiel seiner Pfeife darauf und fuhr fort:

„Es gibt eine Menge Türen nach Phantásien, mein Junge. Es gibt noch mehr solche Zauberbücher. Viele Leute merken nichts davon. Es kommt eben darauf an, wer ein solches Buch in die Hand bekommt.“

„Dann ist die Unendliche Geschichte also für jeden anders?“

„Das will ich meinen“, versetzte Herr Koreander, „außerdem gibt es nicht nur Bücher, es gibt noch andere Möglichkeiten, nach Phantásien und wieder zurück zu kommen. Das wirst du noch merken.“

„Meinen Sie?“ fragte Bastian hoffnungsvoll, „aber dann müßte ich Mondenkind doch noch mal begegnen, und jeder begegnet ihr doch nur ein einziges Mal.“

Herr Koreander beugte sich vor und dämpfte seine Stimme. „Laß dir etwas von einem alten, erfahrenen Phantásienreisenden sagen, mein Junge! Es ist ein Geheimnis, das in Phantásien niemand wissen kann. Wenn du nachdenkst, wirst du auch verstehen, warum das so ist. Zu Mondenkind kannst du kein zweites Mal kommen, das ist richtig – solang sie Mondenkind ist. Aber wenn du ihr einen neuen Namen geben kannst, wirst du sie wiedersehen. Und so oft dir das gelingt, wird es jedesmal wieder das erste und einzige Mal sein.“

Über Herrn Koreanders Bulldoggengesicht lag für einen Augenblick ein weicher Schimmer, der es jung und beinahe schön erscheinen ließ.

„Danke, Herr Koreander!“ sagte Bastian.

„Ich muß mich bei dir bedanken, mein Junge“, antwortete Herr Koreander. „Ich fände es nett, wenn du dich ab und zu hier bei mir blicken lassen würdest, damit wir unsere Erfahrungen austauschen. Es gibt nicht so viele Leute, mit denen man über solche Dinge sprechen kann.“

Er streckte Bastian die Hand hin. „Abgemacht?“

„Gern“, sagte Bastian und schlug ein. „Ich muß jetzt gehen. Mein Vater wartet. Aber ich komm' bald wieder.“

Felix Braun

Der Leser

Sag: Ist das nicht ein wundersames Leid?
Um fremde Menschen trauern, die nicht leben,
und über Dinge, die sich nie begeben,
voll Sehnsucht träumen in der Einsamkeit.

Geheimnis, dessen Sinn ich nie verstand:
Sich über Worte atemlos zu neigen
und zu vernehmen in gespanntem Schweigen,
was einer dachte, träumte und empfand.

Wenn dann die letzte Zeile still verrinnt,
sich weit zurück im weichen Sessel lehnen,
die Arme breiten, lächeln unter Tränen
und wieder müßig blättern wie ein Kind.

Und stundenlang wie tief im Nebel gehn
und Verse summen, die wie Glocken läuten,
die tiefstes Glück und tiefstes Leid bedeuten
und dennoch langsam in den Wind verwehn.

Dieter Forte

Schlug er ein Buch auf, blieb die Zeit stehen

Dem Jungen fiel das Atmen schwer. Ein Zustand, der Tag und Nacht anhielt. Er lag in einer Ecke des Kellers und las, lag in einer engen Bücherhöhle, las all die Bücher, die die Familie für ihn gesammelt hatte, aus zerstörten Häusern und Kellern und von der Straße, auf die sie durch den Luftdruck der Bomben geflogen waren, vom Feuer versengt, vom Wasser aufgequollen, mit abgerissenem Einband. Von Tom Sawyers Abenteuer nur der Anfang, Candide ohne Ende, Robinson Crusoe mit herausgerissenem Mittelteil, Schwejk in losen Blättern, Tote Seelen auf jeder Seite mit Tinte beschmiert, Bücher mit Widmungen, die sich für den Jungen mit dem Buch verbanden, Widmungen von Menschen, die vielleicht schon tot waren, an Menschen, die vielleicht nur noch in ihren Widmungen lebten. Der lieben Sarah zu Pessach von Moischele, München 1901. Zum 50. Geburtstag von Gretchen, Köln 1920. Zur Erinnerung an die schönen Tage in Berchtesgaden, Walter, Juni 1938. Auch mit Widmungen, die den Besitz anzeigten, als könne man Bücher auf ewig besitzen: Dieses Büchlein ist mir lieb, wer mir's stiehlt, der ist ein Dieb. Kurt bin ich getauft, dies Buch hab ich gekauft, Brink bin ich geboren, wer's find, ich hab's verloren. Lederstrumpf hatte auf dem Titelblatt eine Anschrift aus Berlin mit Datum 27.II.06 und dem Aufkleber des Ladens, in dem das Buch gekauft worden war, L. Juergens, Papierhandlung, Alexander-Platz. Der Lederstrumpf lag nach einem Luftangriff auf der Straße, und der Junge schrieb an den ehemaligen Besitzer, daß das Buch nun bei ihm sei, erhielt aber nie eine Antwort. So verband sich der Lederstrumpf für ihn mit dem Alexander-Platz und einem Menschen in Berlin, und der Junge überlegte, ob der Inhaber das Buch selbst gekauft hat, oder ob einer das Buch gekauft hat, um es ihm zu schenken. Wie sich überhaupt die Schicksale der Menschen, die sich in den Büchern verewigt hatten, mit den Geschichten in den Büchern verbanden, der Inhalt seiner Bücher, die er auswendig kannte, mit den Geschichten der ehemaligen Besitzer, die er dazuerfand, so daß sein Lederstrumpf über den Berliner Alexander-Platz spazierte. Schlug er ein Buch auf, blieb die Zeit stehen, so wie man den Arm des Plattenspielers immer wieder auf Anfang stellen konnte, immer wieder Louis Armstrong hören konnte, immer wieder die Bilder Paul Klees in dem halbverbrannten aufgequollenen Bildband betrachten konnte, Bilder, in denen keine Zeit war, nur der Augenblick, so schlug er seine Bücher auf, die er immer wieder von vorne las, für die meisten um ihn herum unbekanntes Land, das sie nicht betreten mochten, für ihn ein sicheres Refugium, dessen Tore ihm immer offenstanden, das er unbehelligt von der Last der ihn umgebenden Realität und befreit von der Last seines Körpers jederzeit betreten konnte, herzlich begrüßt von Personen, die ihn kannten, wie er sie kannte. An einem Orte der Mancha, an dessen Namen ich mich nicht erinnern will, lebte vor nicht langer Zeit ein Junker, einer von jenen, die einen Speer im Lanzengestell, eine alte Tartsche, einen hageren Gaul und einen Windhund zum Jagen haben. In Westfalen, auf dem Schloß des Herrn Barons von Thunderdentronckh, lebte vor Zeiten ein Jüngling, ein ausnehmend sanfter und gutherziger Mensch, von der Natur liebevoll mit einem Gesicht bedacht, dem man schon von weitem sein gutes Herz ansah. Es war ein bitterkalter scharfer Dezembertag des Jahres 1793, die Sonne im Untergehen, da bewegte sich langsam ein Schlitten den gewundenen Weg hinauf, der zur Hochfläche eines jener Berge führt, die in dem Quellgebiet des Susquehannah sich nebeneinander, aneinander drängen. So war er aufgehoben in einem Raum fern der Welt, in dem die Dinge verschwanden, in einer endlosen Dauer, unerzählbare ewige Erinnerung.

Hanns-Josef Ortheil

Das stundenlange, ununterbrochene Eintauchen in die Bücherflut

In dieser geschlossenen Sphäre gab es nur eine Fremdheit, nur ein schwer zu erforschendes Unbekanntes: die Bücher. Meine Mutter war von Beruf Bibliothekarin, vor dem Krieg hatte sie die einzige Bibliothek des Ortes, eine katholische Pfarrbibliothek, aufgebaut und geleitet, bis sie von den Nationalsozialisten von diesem Amt vertrieben worden war. Sie hatte sich geweigert, ihnen die Benutzerlisten der Bibliothek auszuhändigen, und mit dieser Weigerung hatte sie ihren Beruf verloren. Aber sie hatte weiter gelesen, das Lesen war ihre liebste Beschäftigung, und auch als sie sich nicht mit Worten verständigen konnte, hörte sie nicht auf zu lesen. Lesend, mit einem Buch in der Hand, auf einem Sofa liegend, im Park auf einer Bank war sie mit dem Buch allein. Wenn sie las, rückte ich um ein weniges von ihr weg, das Buch war der Fremde, der sie von mir entfernte, und die Verständigung, die sich, jedes Mal, wenn sie las, zwischen ihr und dem Fremden herzustellen schien, schloß mich aus.

Ich glaube, ich begriff früh, was mit ihr geschah, jedenfalls spürte ich, wie sie sich lesend von mir trennte, nur für Stunden, aber doch so, daß ich sie nur vermindert erreichte. Zwischen ihr und dem Buch entstand eine Art von Kontakt. Das Buch, seine schmächtigen, mageren Zeilen, sein bunter Umschlag, sein meist dumpfer, schwerer Geruch, dem ich nachschnüffelte, als entströme er einer geheimnisvollen Küche, deren Zutritt mir verwehrt war – das Buch nahm meine Mutter gefangen.

Lesend, den verschlungenen Pfaden der Buchstaben und Zeilen folgend, geriet sie in eine Art Trance. Ich erkannte die Veränderungen an ihren Zügen, an den Augen, die etwas Entrücktes, Weites bekamen, als starrten sie auf die offene See, an den Mundwinkeln, die sich entspannten und weich wurden wie zu einem Kuß, an den Lippen, die sich einen kleinen Spalt öffneten und langsam zu schwingen begannen wie die zuckenden Kiemen eines Fisches.

Das Lesen war eine Verzauberung, im Lesen verbündete meine Mutter sich mit fernen Mächten, es war eine Art Träumen, ein Wachtraum, in dem die Bilder sich aneinanderzureihen schienen zu einer nicht mehr lösbaren Kette.

Die Glieder dieser Kette aber waren mir unergründlich, und da ich nur ahnte, daß sie in den Seiten der Bücher entstanden, versuchte ich, die Bücher an mich zu reißen. Ich trug sie zusammen, stapelte sie, riß Seiten heraus, blätterte lange in ihnen, ich begann, sie anzufressen, löste den Umschlag ab, zerzupfte die Seiten, trennte sie in Streifen, klumpte sie zu Bällen, es heißt sogar, ich hätte eine Art Vorrat an Büchern angelegt, heimlich, in einem Versteck, als wäre es darauf angekommen, Vorsorge zu treffen für einen harten, kalten und buchlosen Winter.

In meiner Erinnerung sind die Bücher die ersten schweren Lasten meiner Kindheit. Ich trug sie zu zweit oder zu dritt unter dem Arm, legte sie in einen Karren, zog sie hinter mir her, ich verteilte sie im Raum an den entlegensten Stellen wie Ostereier, die man zu suchen hatte, ich pflasterte die Diele mit Büchern, und hätte ich vom Tapezieren gewußt, so hätte ich die Wände mit den Seiten der Bücher beklebt.

Obwohl ich sie alle gleich behandelt haben soll und kein einzelnes bevorzugt, sind mir doch viele im Gedächtnis geblieben, und wenn ich heute vor den Bücherschränken meines Elternhauses stehe, erinnere ich mich ganz deutlich an meine frühen Kontakte. Ich wußte, daß die Bücher gelesen werden sollten, doch ich ersetzte meine Unkenntnis dadurch, daß ich sie schmeckte. Schmecken bedeutete: die Bücher zu riechen, sie mit der Zunge zu lecken, ihre Farben aufleuchten zu sehen, das Papier zu spüren, sie als lebendige Wesen zu empfinden. Bücher hatten Haare auf dem Umschlag, ihre ersten Seiten starrten mich mit ihren hervorgehobenen Lettern an wie weit geöffnete Augen, die mich erschreckten, die Seiten hatten etwas von schwarzem, vermodertem Laub, wie überhaupt der Geruch meist ein stickiger, pestartiger war, als habe ein wildes, stinkendes Tier all diese Buchstaben mit seinem Schwanz herbeigewedelt.

Später hat diese Lust sich gesteigert, sie entwickelte sich zu einer Passion für Bibliotheken, besonders aber für alte Lesesäle, oder für lange Holztische in alten Lesesälen, in denen die Wände ringsum bis zur Decke voll waren mit Büchern. Mit zwölf, dreizehn Jahren habe ich zum ersten Mal in einem solchen Lesesaal gesessen, ich hatte meine Mutter dorthin begleiten dürfen, und während sie etwas nachgeschlagen und sich Notizen gemacht hatte, hatte ich unbeweglich auf einem Stuhl hinter einem der langen Holztische gesessen, auf denen sich die Bücherstapel der Benutzer türmten.

Ich beneidete jeden von ihnen, und ich wünschte mir nichts sehnlicher, als Stunden in einem solch hohen Raum mit schlanken, hellen Fenstern sitzen zu dürfen, um zu lesen. Schon der bloße Gedanke an diese Möglichkeit löste ein unwiderstehliches Kribbeln und Ziehen in mir aus, als führe mir einer langsam und vorsichtig mit den Fingerkuppen über die nackte Rückenhaut, oder als bürstete mir jemand mit einem feinen Kamm die Nackenpartie. Es waren Anfälle wohliger Schauer, die mich überkamen, eine tief sensuelle Lust, vielleicht eine Art libidinöser Appetit, als könnte ich durch das Lesen weniger meinen Geist als meinen Körper verwöhnen.

Diese Zustände haben meine Lesesucht ausgelöst, das stundenlange, ununterbrochene Eintauchen in die Bücherflut, wahllos, wie von einem Heißhunger getrieben. Ich legte sie vor mir auf den Tisch, stapelte sie, drehte die Buchrücken zu mir hin, und es war so, als rückte ich sie bereit zu einer wollüstigen Vertilgung. Der Lesemund öffnete sich, ich begann, diese trockenen Brocken einen nach dem andern zu verschlingen, und es erhöhte die Lust, daß sich in meiner Umgebung Menschen aufhielten, die sich genauso still und doch leidenschaftlich dieser Lust hinzugeben schienen wie ich.

Denn die Anziehung, die der Lesesaal ausübte, gründete nicht nur in der seligmachenden Phantasie, man hielte sich im Schlaraffenland auf, wo einem die Bücher wie dicke Happen in den Mund flögen, sondern auch darin, daß die Umgebung still war und stumm. Ohne Geräusche von sich zu geben, kauten die Leser ihre Buchstaben, wickelten sie in ihre Kladden und Hefte, schöpften das geistige Fett ab, tunkten sie in die Tinten ihrer Stifte und Federhalter. Das Lesen war die triebhafte Passion der Schweigsamen, es stiftete eine Gemeinschaft zwischen denen, die doch allein sein wollten, er ließ sich verstehen als das unendliche, ziellose Murmeln, nach dem ich mich sehnte.

Diese Passion ist mir geblieben bis heute, noch immer laufe ich in Städten, auch wenn ich sie nur flüchtig besuche, in die Bibliotheken, und noch immer stelle ich mir in ihren Lesesälen vor, wie es wohl wäre, in einem solchen Raum für Stunden zu sitzen, so lange, bis die Verwandlung einsetzen würde.

Inzwischen erstreckt sich diese Faszination auch auf die manischen Buchmenschen, die freßgierigen

Autodidakten, die Bibliomanen, von der Bibliophilie dagegen habe ich nie etwas gehalten. Bibliomane, das sind Leser, die Bibliotheken um ihrer selbst willen lesen, Leser, die nicht aufhören können, aus Büchern ihre eigenen Exzerpte zu schneiden, Leser, die diese Exzerpte in kunstvoll geplanten Systemen ordnen und übersichtlich machen, Lesetiere also, schwer, übersättigt und langsam, tief in das immer gewaltiger werdende Buchstabenfett vergraben.

Bibliomanen, das sind die Elephanten des Lesens, so wie das Element des Elephanten die unendlich zirkulierende Schrift ist. Seit ich diese Tiere zum ersten Mal sah, ich sah sie im Wuppertaler Zoo, nahe der Wupper, gleich neben dem dortigen Stadion, wußte ich, daß es meine Tiere waren. Es hieß, sie seien klug, und doch war davon auf den ersten Blick nichts zu erkennen, es hieß, sie seien gelehrig, auch das konnte ich nur ahnen. Doch als ich ihre Augen sah, wußte ich, daß es Leseaugen waren, meist nach innen, in die Tiefe des Körpers gerichtete Augen, die sich, wie mir schien, zur Betrachtung der Außenwelt erst umstülpen mußten. In den langsam wandernden Augen der Elephanten, in ihren kurios vergrößerten Ohren erkannte ich die Eigenheiten der Leser wieder: Augen, die buchstabieren, und Ohren, die den unendlich zerstreuten Schall des Weltenmurmelns belauschen.

Karl Philipp Moritz

Und fing nun mit einer Art Wut an zu lesen

Jetzt genoß er in seinem eilften Jahre zum ersten Male das unaussprechliche Vergnügen verbotner Lektüre.

Sein Vater war ein abgesagter Feind von allen Romanen, und drohete ein solches Buch sogleich mit Feuer zu verbrennen, wenn er es in seinem Hause fände. Demohngeachtet bekam Anton durch seine Base Die schöne Banise, die Tausendundeine Nacht, und Die Insel Felsenburg in die Hände, die er nun heimlich und verstohlen, obgleich mit Bewußtsein seiner Mutter, in der Kammer las, und gleichsam mit unersättlicher Begierde verschlang.

Dies waren einige der süßesten Stunden in seinem Leben. Sooft seine Mutter hereintrat, drohete sie ihm bloß mit der Ankunft seines Vaters, ohne ihm selber das Lesen in diesen Büchern zu verbieten, worin sie ehemals ein ebenso entzückendes Vergnügen gefunden hatte.

Die Erzählung von der Insel Felsenburg tat auf Anton eine sehr starke Wirkung, denn nun gingen eine Zeitlang seine Ideen auf nichts Geringers, als einmal eine große Rolle in der Welt zu spielen, und erst einen kleinen, denn immer größern Zirkel von Menschen um sich her zu ziehen, von welchen er der Mittelpunkt wäre: dies erstreckte sich immer weiter, und seine ausschweifende Einbildungskraft ließ ihn endlich sogar Tiere, Pflanzen, und leblose Kreaturen, kurz alles, was ihn umgab, mit in die Sphäre seines Daseins hineinziehen, und alles mußte sich um ihn, als den einzigen Mittelpunkt, umher bewegen, bis ihm schwindelte.

Dieses Spiel seiner Einbildungskraft machte ihm damals oft wonnevollre Stunden, als er je nachher wieder genossen hat. So machte seine Einbildungskraft die meisten Leiden und Freuden seiner Kindheit. Wie oft, wenn er an einem trüben Tage bis zum Überdruß und Ekel in der Stube eingesperrt war, und etwa ein Sonnenstrahl durch eine Fensterscheibe fiel, erwachten auf einmal in ihm Vorstellungen vom Paradiese, von Elysium, oder von der Insel der Kalypso, die ihn ganze Stunden lang entzückten.

(...) Er ging zu einem Antiquarius und holte sich einen Roman, eine Komödie nach der andern, und fing nun mit einer Art von Wut an, zu lesen. – Alles Geld, was er sich vom Munde absparen konnte, wandte er an, um Bücher zum Lesen dafür zu leihen; und da nach einiger Zeit der Antiquarius ihn kennenlernte, und ihm ohne jedesmalige bare Bezahlung Bücher zum Lesen liehe, so hatte sich Reiser, ehe er es merkte tief in Schulden hineingelesen, die, so klein sie sein mochten, damals für ihn unerschwinglich waren.

Er suchte diese Schuld zum Teil durch den Verkauf seiner angeschafften Schulbücher zu tilgen, die ihm der Antiquarius für ein Spottgeld abnahm – und ihm dafür aufs neue Bücher zum Lesen lieh, bis er wieder in neue Schulden geriet, und denn wieder ängstlich auf Ertilgung derselben denken mußte.

Das Lesen war ihm nun einmal so zum Bedürfnis geworden, wie es den Morgenländern das Opium sein mag, wodurch sie ihre Sinne in eine angenehme Betäubung bringen. – Wenn es ihm an einem Buche fehlte, so hätte er seinen Rock gegen den Kittel eines Bettlers vertauscht, um nur eins zu bekommen. – Diese Begierde wußte der Antiquarius wohl zu nutzen, der ihm nach und nach, alle seine Bücher ablockte, und sie oft in seiner Gegenwart sechsmal so teuer wieder verkaufte, als er sie ihm abgekauft hatte.

Es war unter diesen Umständen keinem zu verdenken, der Reisern für einen lüderlichen aus der Art geschlagnen jungen Menschen hielt, welcher seine Schulbücher verkaufte, statt seine Kenntnisse zu vermehren, und den Unterricht seiner Lehrer zu nutzen, nichts als Romane und Komödien las – und dabei sein Äußeres ganz vernachlässigte; denn es war sehr natürlich, daß Reiser keine Lust zu seinem Körper hatte, da er doch niemandem in der Welt gefiel – und dann wurde auch alle das Geld, was die Wäscherin und der Schneider hätten bekommen sollen, dem Bücher-Antiquarius hingebracht – denn das Bedürfnis zu lesen ging bei ihm Essen und Trinken und Kleidung vor, wie er denn wirklich eines Abends den Ugolino las, nachdem er den ganzen Tag nicht das mindeste genossen hatte, denn seinen Freitisch hatte er über dem Lesen versäumt, und für das Geld, was zum Abendbrot bestimmt war, hatte er sich den Ugolino geliehen, und ein Licht gekauft, bei welchem er in seiner kalten Stube, in eine wollene Decke eingehüllt, die halbe Nacht aufsaß, und die Hungerszenen recht lebhaft mitempfinden konnte. –

Indes waren diese Stunden noch die glücklichsten, welche er gleichsam aus dem Gewirre der übrigen herausriß – seine Denkkraft war vollkommen wie berauscht – er vergaß sich und die Welt.

Marlen Haushofer

Eines Tages wird sie zwischen den Buchdeckeln bleiben

Meta schlüpft aus dem Lusthaus und schleicht ins Haus, die Stiege hinauf, auf nackten Sohlen. Aus der Küche dringt Mamas Stimme, die Nandis verschlafene Fragen beantwortet. Nandi hat es gut; besser, man denkt nicht daran. Schon ist sie in ihrem Zimmer, drückt die Tür hinter sich zu, und gleich darauf liegt sie auf dem Bettvorleger und liest im David Copperfield. Meta vergißt, was geschehen ist, und das Buchstabenmeer schlägt rauschend über ihr zusammen. Ihr Herz schlägt jetzt im kleinen David, und ihre Hand schiebt seine schwarzen Locken aus der Stirn.

Lange Zeit später ruft Mama zum Abendessen. Das Zwitterwesen David-Meta wird grausam auseinandergerissen. David erstarrt zu einem flachen Bildchen, und eine verwirrte, rotwangige Meta stolpert benommen die Stiege hinunter. Eben war sie mitten in einem Gespräch mit Mister Dick, und jetzt muß sie sich zu einem lächerlichen Eierschmarrn begeben. Das Leben ist ein schreckliches Durcheinander. Man sollte sie nicht immer so plötzlich von David trennen. Eines Tages wird sie zwischen den Buchdeckeln bleiben, und eine leere Hülle wird am Tisch sitzen. Möglicherweise wird kein Mensch es bemerken. Dieser Gedanke ist beängstigend.

Erst als sie mit der großen Zehe gegen die Türschwelle stößt, kommt sie schmerzhaft zu sich.

Peter Weiss

Die Zwiesprache, die ich in den Büchern suchte

In den Büchern trat mir das Leben entgegen, das die Schule vor mir verborgen hatte. In den Büchern zeigte sich mir eine andere Realität des Lebens als die, in die meine Eltern und Lehrer mich pressen wollten. Die Stimmen der Bücher forderten mein Mittun, die Stimmen der Bücher forderten, daß ich mich öffnete und auf mich selbst besann. Ich stöberte in der Bibliothek meiner Eltern. Das Lesen dieser Bücher war mir verboten, ich mußte die Bücher heimlich entwenden und die Lücken sorgsam ausgleichen, meine Lektüre fand unter der Bettdecke statt, beim Schein der Taschenlampe, oder im Klosett, oder unter der Tarnung von Schulbüchern. Das Chaos in mir von unausgegorenen Sehnsüchten, von romantischen Verstiegenheiten, von Ängsten und wilden Abenteuerträumen wurde aus unzähligen Spiegeln auf mich zurückgeworfen, ich bevorzugte das Anrüchige, Zweideutige, Düstere, suchte nach Schilderungen des Geschlechtlichen, verschlang die Geschichten von Kurtisanen und Hellsehern, von Vampiren, Verbrechern und Wüstlingen, und wie ein Medium fand ich zu den Verführern und Fantasten und lauschte ihnen in meiner Zerrissenheit und Melancholie. Doch je mehr ich meiner selbst bewußt wurde, und je weniger ich vor mir selbst zurückschreckte, desto stärker wurde meine Forderung, daß die Stimme des Buches unverstellt zu mir spräche und nichts vor mir verbarg. Bald zeigten mir schon die ersten Worte eines Buches die Wesensart des Sprechenden. Ich wollte gleich von ihm angerührt werden, wollte gleich seine Glut und innere Überzeugung erfahren. Lange

Umschreibungen machten mich ungeduldig. Ich wollte gleich mitten in das Erlebnis hineingerissen werden, wollte gleich wissen, um was es ging. Nur selten befaßte ich mich mit Gedichten, hier war mir alles zu sehr bearbeitet, zu sehr einem Gerüst von Formen unterworfen. Ich mißtraute dem Abgerundeten und Vollendeten, und es fiel mir schwer, unter dem Kunstvollen und Geschliffenen nach dem verborgenen Sinn zu forschen. Oft ließ mich das Durchdachte kalt, während das Rohe, Ungestaltete mich ergriff. Mein logisches Denken war unentwickelt. Wenn ich versuchte, diesem Mangel mit dem Lesen von naturwissenschaftlichen oder filosofischen Werken entgegenzuwirken, so zerflossen mir die Buchstaben vor den Augen, ich konnte sie nicht zu lebenden Worten zusammenfügen, ich spürte keinen Atem in ihnen. Was ich behielt, lag weniger auf dem Gebiet der allgemeinen Bildung als auf dem Gebiet der Empfindungen, mein Wissen setzte sich zusammen aus bildmäßigen Erfahrungen, aus Erinnerungen an Leute, Stimmen, Geräusche, Bewegungen, Gesten, Rhythmen, aus Abgetastetem und Gerochenem, aus Einblicken in Räume, Straßen, Höfe, Gärten, Häfen, Arbeitsplätze, aus Schwingungen in der Luft, aus Spielen des Lichts und des Schattens, aus Regungen von Augen, Mündern und Händen. Ich lernte, daß es unter der Logik eine andere Folgerichtigkeit gab, eine Folgerichtigkeit von undurchschaubaren Impulsen, hier fand ich mein eigenes Wesen, hier im scheinbar Unorganisierten, in einer Welt, die den Gesetzen der äußeren Ordnung nicht entsprach. Mein Denken ließ kein bestimmtes Ziel zu, trieb mich von einem zum andern, duldete keine auferlegten Richtlinien, warf mich oft in Fallgruben und Abgründe, aus denen keine Erklärungen, sondern nur heimliche, unerwartet gefundene Pfade mich herausführen konnten. Im Lauf der Jahre wurde die Zwiesprache, die ich in den Büchern suchte, immer bestimmter und eindringlicher, richtete sich immer tiefer ins Persönliche, und so wurde sie auch immer seltener, denn nur wenige konnten etwas von den Dingen ausdrücken, in denen die Wurzeln des Daseins angerührt wurden. Alle Stadien meiner Entwicklung hatten ihre Bücher.

Charles Dickens

Ich fraß förmlich ein paar Bände Reisebeschreibungen

Nach so vielen Jahren scheint es mir, als ob meine unglücklichen Studien immer denselben Verlauf genommen hätten. Ich wäre sehr gut vorwärtsgekommen ohne die Murdstones, aber ihr Einfluß auf mich war wie der bannende Blick, den zwei Schlangen auf einen armen kleinen Vogel richten.

Selbst wenn ich ziemlich gut durch die Morgenarbeiten kam, hatte ich nicht viel mehr gewonnen als die freie Zeit des Mittagessens, denn Miss Murdstone konnte mich nie unbeschäftigt sehen; und wenn ich unvorsichtigerweise merken ließ, daß ich gerade nichts zu tun hatte, so lenkte sie ihres Bruders Aufmerksamkeit auf mich, indem sie sagte: „Liebe Klara, es geht nichts über die Arbeit, – gib deinem Jungen etwas auf." Und das hatte stets zur Folge, daß ich sofort über eine neue Arbeit geduckt wurde. Von Zerstreuungen mit andern Kindern meines Alters war kaum die Rede, denn dem finstern Puritanismus der Murdstones erschienen alle Kinder wie eine Brut kleiner Vipern. Als ob niemals ein Kind in die Mitte der Jünger gestellt worden wäre!

Die natürliche Folge dieser vielleicht sechs Monate oder noch länger fortgesetzten Behandlungsweise war, daß ich ganz stumpf, verstockt und schwer von Begriffen wurde. Nicht wenig trug dazu bei, daß ich mich täglich mehr meiner Mutter entfremdet fühlte. Ich glaube, wenn mir nicht ein glücklicher Umstand geholfen hätte, ich wäre blödsinnig geworden.

Und das war folgender. Mein Vater hatte eine kleine Büchersammlung in einer Dachstube neben meinem

Schlafraum, um die sich niemand kümmerte, hinterlassen. Aus diesem gesegneten kleinen Stübchen kamen Roderick Random, Peregrine Pickle, Humphrey Clinker, Tom Jones, der Landprediger von Wakefield, Don Quichote, Gil Blas und Robinson Crusoe - eine glorreiche Schar - zu mir, um mir Gesellschaft zu leisten. Sie erhielten meine Phantasie lebendig - und meine Hoffnung auf etwas über diesen Ort und diese Zeit hinaus; sie und Tausendundeine Nacht und die persischen Märchen brachten mir keinen Schaden, denn was in einigen von ihnen Schädliches sein mochte, war für mich nicht da; ich verstand nichts davon. Es ist mir nur unbegreiflich, woher ich inmitten meines Hockens und Brütens über schwierigere Themen die Zeit nahm, alle diese Bücher zu lesen. Es ist mir jetzt wunderbar, wie es für mich in meinen kleinen und doch so großen Leiden tröstlich sein konnte, daß ich die Rollen meiner Lieblingscharaktere in diesen Geschichten auf mich übertrug und Mr. und Miss Murdstone mit allen schlechten bedachte. Eine ganze Woche lang war ich Tom Jones in Kindergestalt. Die Rolle Roderick Randoms habe ich wohl einen Monat lang gespielt.

Ich fraß förmlich ein paar Bände Reisebeschreibungen, ich weiß nicht mehr, welche, und tagelang bin ich in der oberen Region des Hauses heimlich umhergestreift, bewaffnet mit dem Mittelstück eines alten Stiefelholzes, als Kapitän Soundso von der königlich britischen Flotte, der von Wilden bedroht war und sein Leben so teuer wie möglich verkaufen wollte. Niemals verlor der Kapitän seine Würde, wenn ihm die lateinische Grammatik um die Ohren geschlagen wurde. Ich litt wohl darunter, der Kapitän aber blieb Kapitän und ein Held trotz aller Grammatiken, aller lebenden und toten Sprachen.

Das bildete meinen einzigen und beständigen Trost. Wenn ich daran denke, steht mir ein Sommerabend vor Augen, wo die Kinder draußen auf dem Kirchhof spielten und ich auf dem Bette saß und auf Tod und Leben drauflos las. Jede Scheune in der Nachbarschaft, jeder Stein in der Kirche, jeder Fußbreit des Friedhofs standen in meiner Seele in Verbindung mit diesen Büchern und vertraten die Stelle eines in ihnen berühmt gewordnen Ortes.

Karl Riha

zeile für zeile lies mit weile

zeile für zeile lies mit weile
zeile für zeile lies mit weile
zeile für zeile lies mit weile
zeile für zeile lies mit weile
zeile für zeile lies mit weile
zeile für zeile lies mit weile
zeile für zeile lies mit weile
zeile für zeile lies mit weile
zeile für zeile lies mit weile
zeile für zeile lies mit weile
zeile für zeile lies mit weile
zeile für zeile lies mit weile
zeile für zeile lies mit weile
zeile für zeile lies mit weile
zeile für zeile lies mit weile
zeile für zeile lies mit weile
zeile für zeile lies mit weile

Siegfried Lenz

Nur noch das Kapitelchen zu Ende

Hamilkar Schaß, mein Großvater, ein Herrchen von, sagen wir mal, einundsiebzig Jahren, hatte sich gerade das Lesen beigebracht, als die Sache losging. Die Sache: darunter ist zu verstehen ein Überfall des Generals Wawrila, der unter Sengen, Plündern und ähnlichen Dreibastigkeiten aus den Rokitno-Sümpfen aufbrach und nach Masuren, genauer nach Suleyken, seine Hand ausstreckte. Er war, hol's der Teufel, nah genug, man roch gewissermaßen schon den Fusel, den er und seine Soldaten getrunken hatten. Die Hähne von Suleyken liefen aufgeregt umher, die Ochsen scharrten an der Kette, die berühmten Suleyker Schafe drängten sich zusammen – hierhin oder dorthin: worauf das Auge fiel, unser Dorf zeigte mannigfaltige Unruhe und wimmelnde Aufregung – die Geschichte kennt ja dergleichen.

Zu dieser Zeit, wie gesagt, hatte sich Hamilkar Schaß, mein Großvater, fast ohne fremde Hilfe die Kunst des Lesens beigebracht. Er las bereits geläufig dies und das. Dies: damit ist gemeint ein altes Exemplar des Masuren-Kalenders mit vielen Rezepten zum Weihnachtsfest; und das: darunter ist zu verstehen das Notizbuch eines Viehhändlers, das dieser vor Jahren in Suleyken verloren hatte. Hamilkar Schaß las es wieder und wieder, klatschte dabei in die Hände, stieß, während er immer neue Entdeckungen machte, sonderbare dumpfe Laute des Jubels aus, mit einem Wort: die tiefe Leidenschaft des Lesens hatte ihn erfaßt. Ja, Hamilkar Schaß war ihr derart verfallen, daß er sich in ungewohnter Weise vernachlässigte; er gehorchte nur mehr einem Gebieter, welchen er auf masurisch den „Zatangä Zitai“ zu nennen pflegte, was soviel heißt wie Leseteufel, oder, korrekter, Lesesatan. Jeder Mann, jedes Wesen in Suleyken war von Schrecken und Angst geschlagen, nur Hamilkar Schaß, mein Großvater, zeigte sich von der Bedrohung nicht berührt; sein Auge leuchtete, die Lippen fabrizierten Wort um Wort, dieweil sein riesiger Zeigefinger über die Zeilen des Masuren-Kalenders glitt, die Form einer Girlande nachzeichnend, zitternd vor Glück.

Da kam, während er so las, ein magerer, aufgescheuchter Mensch herein, Adolf Abromeit mit Namen, der zeit seines Lebens nicht mehr gezeigt hatte als zwei große rosa Ohren. Er trug eine ungeheure Flinte bei sich, trat, damit fuchtelnd, an Hamilkar Schaß heran und sprach folgendermaßen: „Du tätest“, sprach er, „Hamilkar Schaß, gut daran, deine Studien zu verschieben. Es könnte sonst, wie die Dinge stehen, leicht sein, daß der Wawrila mit dir seine Studien treibt. Nur, glaube ich, wirst du nachher zersplieserter aussehen als dieses Buch.“

Hamilkar Schaß, mein Großvater, blickte zuerst erstaunt, dann ärgerlich auf seinen Besucher; er war, da die Lektüre ihn stets völlig benommen machte, eine ganze Weile unfähig zu einer Antwort. Aber dann, nachdem er sich gefaßt hatte, erhob er sich, massierte seine Zehen und sprach so: „Mir scheint“, sprach er, „Adolf Abromeit, als ob auch du die Höflichkeit verlernt hättest. Wie könntest du mich sonst, bitte schön, während des Lesens stören.“ – „Es ist“, sagte Abromeit, „nur von wegen Krieg. Ehrenwort. Wawrila, dem Berüchtigten, ist es in den Sümpfen zu langweilig geworden. Er nähert sich unter gewöhnlichsten Grausamkeiten diesem Dorf. Und weil er, der schwitzende Säufer, schon nah genug ist, haben wir beschlossen, ihn mit unseren Flinten nüchtern zu machen. Dazu aber, Hamilkar Schaß, brauchen wir jede Flinte, die deine sogar besonders.“

„Das ändert“, sagte Hamilkar Schaß, „überhaupt nichts. Selbst ein Krieg, Adolf Abromeit, ist keine Entschuldigung für Unhöflichkeit. Aber wenn die Sache, wie du sagst, arg steht, könnt ihr mit meiner Flinte rechnen. Ich komme.“

Hamilkar Schaß küßte seine Lektüre, verbarg sie in einem feuerfesten Steinkrug, nahm seine Flinte und lud sich ein gewaltiges Stück Rauchfleisch auf den Rücken, und dann traten sie beide aus dem Haus. Auf der Straße galoppierten einige der intelligenten Suleyker Schimmel vorbei, herrenlos, mit vor Furcht weit geöffneten Augen, Hunde winselten, Tauben flohen mit panisch klatschendem Flügelschlag nach Norden – die Geschichte kennt solche Bilder des Jammers.

Die beiden bewaffneten Herren warteten, bis die Straße frei war, dann sagte Adolf Abromeit: „Der Platz, Hamilkar Schaß, auf dem wir kämpfen werden, ist schon bestimmt. Wir werden, Gevatterchen, Posten in einem Jagdhaus beziehen, das dem nachmaligen Herrn Gonsch von Gonschor gehörte. Es ist etwa vierzehn Meilen entfernt und liegt an dem Weg, den Wawrila zu nehmen gezwungen ist.“ – „Ich habe“, sagte mein Großvater, „keine Einwände.“

So begaben sie sich, nahezu wortlos, zu dem soliden Jagdhaus, richteten es zur Verteidigung ein, schnupften Tabak und bezogen Posten. Sie saßen, durch dicke Bohlen geschützt, vor einer Luke und beobachteten den aufgeweichten Weg, den Wawrila zu nehmen gezwungen war.

Sie saßen so, sagen wir mal, acht Stunden, als dem Hamilkar Schaß, der in Gedanken bei seiner Lektüre war, die Zehen derart zu frieren begannen, daß selbst Massage nicht mehr half. Darum stand er auf und sah sich um, in der Hoffnung, etwas zu finden, woraus sich ein Feuerchen machen ließe. Er zog hier was weg und da was, kramte ein bißchen herum, prüfte, ließ fallen, und während er das tat, entdeckte er, hol's der Teufel, ein Buch, ein hübsches, handliches Dingchen. Ein Zittern durchlief seinen Körper, eine heillose Freude rumorte in der Brust, und er lehnte hastig, wie ein Süchtiger, die Flinte an einen Stuhl, warf sich, wo er stand, auf die Erde und las. Vergessen war der Schmerz der Kälte in den Zehen, vergessen war Adolf Abromeit an der Luke und Wawrila aus den Sümpfen: der Posten Hamilkar Schaß existierte nicht mehr.

Unterdessen, wie man sich denken wird, tat die Gefahr das, was sie so besonders unangenehm macht: sie näherte sich. Näherte sich in Gestalt des Generals Wawrila und seiner Helfer, die, sozusagen fröhlich, den Weg heraufkamen, den zu nehmen sie gezwungen waren. Dieser Wawrila, ach Gottchen, er sah schon aus, als ob er aus den Sümpfen käme, war unrasiert, dieser Mensch, und hatte eine heisere Flüsterstimme, und natürlich besaß er nicht, was jeder halbwegs ehrliche Mensch besitzt – Angst nämlich. Kam mit seinen besoffenen Flintenschützen den Weg herauf und tat, na, wie wird er getan haben: als ob er der Woiwode von Szczylipin selber wäre, so tat er. Dabei hatte er nicht mal Stiefel an, sondern lief auf Fußlappen, dieser Wawrila.

Adolf Abromeit, an der Luke auf Posten, sah die Sumpfbagage herankommen; also spannte er die Flinte und rief:

„Hamilkar Schaß", rief er, „ich hab' den Satan in der Kimme." Hamilkar Schaß, wen wird es wundern, hörte diesen Ruf nicht. Nach einer Weile, Wawrila war keineswegs dabei stehengeblieben, rief er abermals: „Hamilkar Schaß, der Satan aus dem Sumpf ist da." – „Gleich", sagte Hamilkar Schaß, mein Großvater, „gleich, Adolf Abromeit, komme ich an die Luke, und dann wird alles geregelt, wie sich's gehört. Nur noch das Kapitelchen zu Ende."

Adolf Abromeit legte die Flinte auf den Boden, legte sich dahinter und visierte und wartete voller Ungeduld. Seine Ungeduld, um nicht zu sagen: Erregung, wuchs mit jedem Schritt, den der General Wawrila näher kam. Schließlich, sozusagen am Ende seiner Nerven angekommen, sprang Adolf Abromeit auf, lief zu meinem Großvater, versetzte ihm – jeder Verständige wird's verzeihen – einen Tritt und rief: „Der Satan Wawrila, Hamilkar Schaß, steht vor der Tür." „Das wird", sagte mein Großvater, „alles geregelt werden zur Zeit. Nur noch, wenn ich bitten darf, die letzten fünf Seiten." Und da er keine Anstalten machte, sich zu erheben, lief Adolf Abromeit allein vor seine Luke, warf sich hinter die Flinte und begann dergestalt zu feuern, daß ein Spektakel entstand, wie sich niemand in Masuren eines ähnlichen entsinnen konnte. Wiewohl er keinen von der Sumpfbagage hinreichend treffen konnte, zwang er sie doch in Deckung, ein Umstand, der Adolf Abromeit äußerst vorwitzig und waghalsig machte. Er trat offen vor die Luke und feuerte, was die ungeheure Flinte hergab; er tat es so lange, bis er plötzlich einen scharfen, heißen Schmerz verspürte, und als er sich, reichlich betroffen, vergewisserte, stellte er fest, daß man ihm durch eines seiner großen rosa Ohren geschossen hatte. Was blieb ihm zu tun? Er ließ die Flinte fallen, sprang zu Hamilkar Schaß, meinem Großvater, und diesmal sprach er folgendermaßen: „Ich bin, Hamilkar Schaß, verwundet. Aus mir läuft Blut. Wenn du nicht an die Luke gehst, wird der Satan Wawrila, Ehrenwort, in zehn Sekunden hier sein, und dann, wie die Dinge stehen, ist zu fürchten, daß er Druckerschwärze aus dir macht."

Hamilkar Schaß, mein Großvater, blickte nicht auf; statt dessen sagte er: „Es wird, Adolf Abromeit, alles geregelt, wie es kommen soll. Nur noch, wenn ich bitten darf, zwei Seiten vom Kapitelchen." Adolf Abromeit, eine Hand auf das lädierte Ohr gepreßt, sah sich schnell und prüfend um, dann riß er ein Fenster auf, schwang sich hinaus und verschwand im Dickicht des nahen Waldes.

Wie man vermuten wird: kaum hatte Hamilkar Schaß weitere Zeilen gelesen, als die Tür erbrochen ward, und wer kam hereinspaziert? General Zoch Wawrila. Ging natürlich gleich auf den Großvater zu, brüllte heiser und lachte, wie er das so an sich hatte, und dann sagte er: „Spring auf meine Hand, du Frosch, ich will dich aufblasen." Das war, ohne Zweifel, eine Anspielung auf seine Herkunft und seine Gewohnheiten. Doch Hamilkar Schaß entgegnete: „Gleich. Nur noch anderthalb Seiten."

Wawrila wurde wütend und zog meinem Großvater einen über, und dann fühlte er sich bemüßigt, so zu sprechen: „Ich werde dich jetzt, du alte Eidechse, halbieren. Aber ganz langsam."

„Eine Seite nur noch", sagte Hamilkar Schaß. „Es sind, bei Gottchen, nicht mehr als fünfunddreißig Zeilen. Dann ist das Kapitelchen zu Ende."

Wawrila, bestürzt, beinahe nüchtern geworden, lieh sich von einem hinkenden Menschen aus seiner Begleitung eine Flinte, drückte den Lauf auf den Hals des Hamilkar Schaß und sagte: „Ich werde dich, du stinkende Dotterblume, mit gehacktem Blei wegpusten. Schau her, die Flinte ist gespannt." „Gleich", sagte Hamilkar Schaß. „Nur noch zehn Zeilen, dann wird alles geregelt werden, wie es sein soll."

Da packte, wie jeder Kundige verstehen wird, Wawrila und seine Bagage ein solch unheimliches Entsetzen, daß sie, ihre Flinten zurücklassend, dahin flohen, woher sie gekommen waren – dahin: damit sind gemeint die besonders trostlosen Sümpfe Rokitnos.

Adolf Abromeit, der die Flucht staunend beobachtet hatte, schlich sich zurück, trat, mit seiner Flinte in der

Hand, neben den Lesenden und wartete stumm. Und nachdem auch die letzte Zeile gelesen war, hob Hamilkar Schaß den Kopf, lächelte selig und sagte: „Du hast, Adolf Abromeit, scheint mir, etwas gesagt?“

Marcel Proust

Dann war die letzte Seite gelesen

Es gibt vielleicht keine Tage unserer Kindheit, die wir so voll erlebt haben wie jene, die wir glaubten verstreichen zu lassen, ohne sie zu erleben, jene nämlich, die wir mit einem Lieblingsbuch verbracht haben. Alles, was sie, wie es schien, für die andern erfüllte und was wir wie eine vulgäre Unterbrechung eines göttlichen Vergnügens beiseiteschoben: das Spiel, zu dem uns ein Freund bei der interessantesten Stelle abholen wollte; die störende Biene oder der lästige Sonnenstrahl, die uns zwangen, den Blick von der Seite zu heben oder den Platz zu wechseln; die für die Nachmittagsmahlzeit mitgegebenen Vorräte, die wir unberührt neben uns auf der Bank liegen ließen, während über unserm Haupt die Sonne am blauen Himmel unaufhaltsam schwächer wurde; das Abendessen, zu dem wir zurück ins Haus mußten, und während dessen wir nur daran dachten, sogleich danach in unser Zimmer hinaufzugehen, um das unterbrochene Kapitel zu beenden, all das, worin unser Lesen uns nur Belästigung hätte sehen lassen müssen, grub im Gegenteil eine so sanfte Erinnerung in uns ein (die nach unserm heutigen Urteil um so vieles kostbarer ist als das, was wir damals mit Hingabe lasen), daß, wenn wir heute manchmal in diesen Büchern von einst blättern, sie nur noch wie die einzigen aufbewahrten Kalender der entflohenen Tage sind, und es mit der Hoffnung geschieht, auf ihren Seiten die nicht mehr existierenden Wohnstätten und Teiche sich widerspiegeln zu sehen.

Wer erinnert sich nicht, wie ich, des Lesens während der Ferien, das man nacheinander in all jenen Stunden des Tages barg, die hinreichend friedlich und unverletzlich waren, um ihm Asyl zu gewähren. Morgens, nach der Rückkehr aus dem Park, wenn alle zu einem Spaziergang aufgebrochen waren, schlüpfte ich in das Eßzimmer, das bis zu der noch fernen Stunde des Mittagessens niemand, bis auf die alte, verhältnismäßig stille Félicie, betreten würde, und wo ich als dem Lesen besonders gewogene Gefährten nur die an der Wand hängenden bemalten Teller hatte, den Kalender, dessen vortägiges Blatt frisch abgerissen worden war, die Standuhr und das Feuer, die beide sprechen, ohne zu erwarten, daß man ihnen antwortet, und deren sanfte, sinnlose Sätze nicht wie die Worte der Menschen einen andern Sinn an die Stelle der Wörter setzen, die man liest. Ich ließ mich auf einem Stuhl vor dem kleinen Holzfeuer nieder, von dem der frühaufstehende und gärtnernde Onkel während des Mittagessens sagen würde: „Das ist gar nicht übel. Man kann ganz gut ein bißchen Feuer vertragen. Ich kann Euch versichern, daß es heute morgen um sechs im Garten noch hübsch kalt war. Wenn man bedenkt, daß in acht Tagen Ostern ist!“ Bis zum Mittagessen, das leider dem Lesen ein Ende setzen würde, waren es noch zwei volle Stunden.

(...) Nach dem Mittagessen nahm ich meine Lektüre sofort wieder auf; besonders wenn der Tag warm war, zog jeder sich in sein Zimmer zurück, was mir erlaubte, über die kleine Treppe mit den engen Stufen sofort in das meinige zu gehen, das in dem einzigen Stockwerk lag, das so niedrig war, daß man von den vorragenden Fenstern nur einen Kindersprung hätte zu machen brauchen, um auf die Straße zu gelangen.

(...) Und manchmal schützten auch zu Hause im Bett, lange nach dem Abendessen, die letzten Stunden des Tages meine Lektüre, doch dies nur an Tagen, an denen ich die letzten Kapitel eines Buches erreicht hatte und bis zum Ende nicht mehr viel zu lesen blieb.

Trotz der Gefahr einer Strafe, wenn ich entdeckt würde, und trotz der Schlaflosigkeit, die sich nach Beendigung des Buches vielleicht über die ganze Nacht hinziehen würde, zündete ich dann, nachdem meine Eltern schlafen gegangen waren, meine Kerze wieder an; während über der nahen Straße zwischen dem stumm daliegenden Haus des Büchsenmachers und der Post der dunkle und doch blaue Himmel voller Sterne war und man links über dem erhöhten Gäßchen, wo dessen sich wendender Aufstieg begann, die Apsis der Kirche ungeheuerlich und schwarz wachen fühlte, der dörflichen und historischen Kirche, deren Skulpturen in der Nacht nicht schliefen, magischer Aufenthaltsort des Lieben Gottes, des geweihten Gebäcks, der vielfarbigen Heiligen und der Damen der benachbarten Schlösser, die an den Festtagen beim Überqueren des Marktes die Hühner gackern und die Klatschtanten gaffen ließen, wenn sie in ihren Kutschen zur Messe kamen, nicht ohne vor der Rückkehr beim Konditor auf dem Platz, unmittelbar nachdem sie den Schatten des Portals verlassen hatten, über das die Gläubigen durch das Aufstoßen der Klapptür die umherirrenden Rubine des Schiffes säten, ein paar jener turmförmigen, durch eine Markise vor der Sonne geschützten Kuchen zu kaufen – „Manqués“, „Saint-Honorés“ und „Génoises“ –, deren müßiggängerischer und süßer Geruch für mich mit den Glocken des Hochamts und der Fröhlichkeit der Sonntage verbunden bleibt.

Dann war die letzte Seite gelesen, das Buch war beendet. Ich mußte den eiligen Lauf der Augen anhalten und den der ihnen lautlos folgenden Stimme, der nur abbrach, um in einem tiefen Seufzer Atem zu schöpfen.

H.W. Katz

Ganz vertieft in eine Welt

Wenn meine Großmutter Malke über einem Buche saß, ganz vertieft in eine Welt, die ihr um so vieles interessanter und gerechter erschien als die Strodyer; wenn ihr die Backen wie die eines jungen Mädchens rot anliefen und dabei die Perücke, die sie aus Frömmigkeit trug, unternehmungslustig über das eine Ohr rutschte und etwas schief über die kluge Stirn; wenn sie zuweilen ihre Lektüre mit begeisterten „Oh"- und „Ah"-Rufen unterbrach und dabei kleine glänzende Äuglein bekam wie eine Braut ihrer Tage vor dem ersten Kuß; wenn sie mein Großvater so in irgendeiner Ecke des Hauses sitzend erwischte –, dann strich er um sie herum wie wohl ein zorniger Kater um einen Baum streichen mag, auf dem ein ihm bekannter aggressiver Vogel träumerisch hockt, wie ein solcher Kater also und voller Verlangen, dieses „Biest" zu überlisten und zu überwältigen, aber auch zugleich voller Angst vor dessen handfesten Fähigkeiten.

Bissig fragte er: „Biste schon wieder in deinem Deutschland?"

Bissig gab sie zu: „Ja, bei meinen geliebten Schreibern", schob dann mit einer wegwischenden Bewegung ihre Perücke zurecht und las weiter.

Hans Bender

Mit gezücktem Bleistift lese ich

Fragt man nach meinem Hobby, antworte ich prompt: Lesen! Man erwartet wahrscheinlich eine andere Antwort; eher ein sportliches Steckenpferd. Und doch, ich weiß keine andere Tätigkeit, die mir ein vergleichbares Vergnügen bereitet. Auf jede Bahnfahrt freue ich mich deshalb: nirgendwo bin ich so allein und so ungestört mit meinem Buch. Die Stationen, die Autobahnen, die Fabriken, die Atommeiler fliegen draußen vorbei. Fahrgäste steigen ein und aus. „Zehn Minuten Verspätung", klagen sie. Mich kümmert es nicht. Ich bin dem allen entrückt, ins viktorianische England, nach „Howards End": Charles hat eben den lästigen Mr. Bast erschlagen. Die Spannung wächst: wird die kurz zuvor geschlossene Ehe zwischen Margret Schlegel und Henry Wilcox die Konflikte überstehen?

Je älter ich werde, desto anspruchsvoller werde ich in der Wahl meiner Lektüre. Noch genieße ich Romane und Erzählungen, Kriminalromane sogar, doch mehr fesseln mich Tagebücher, Briefe, Aufzeichnungen, Autobiographien. Nicht erdichtete Gestalten, die Verfasser oder Verfasserinnen selber treten mir entgegen. Ich höre, wie sie sprechen und seufzen. Lese, was sie denken und fühlen. Selbstbeobachtung und Selbstprüfung ist ihr Motiv. Suche nach Wahrheit, die bis zur Selbstentblößung vordringt, treibt sie an. Lichtenberg, Rousseau, Emerson, Stendhal, Hebbel, van Gogh, Katherine Mansfield, Gide, Pavese, Julien Green, Canetti, Cioran will ich nennen; und Jules Renard, den liebenswürdigsten von allen.

Die Ausgabe seines Tagebuchs besitze ich seit zwei Jahren. Sie liegt auf meinem Schreibtisch. Auf Reisen nehme ich sie mit. Renard ist weniger radikal als die aufgezählten Autoren. Ein „süßer Mann!“, schwärmte Tucholsky. „Manches habe ich beinahe wörtlich so empfunden und auch so geschrieben“, fährt Tucholsky fort, und gerade auch darin stimme ich mit ihm überein. Mit gezücktem Bleistift lese ich Renards Tagebuch. Ich will behalten, was er mir vor- und zuspricht. Ich will wiederfinden, was ich an seinen Notizen bewundere: die Genauigkeit der Beobachtungen, die Lakonik der Sprache, die Poesie der Vergleiche oder Metaphern.

Oskar Maria Graf

Wir wurden schwärmerisch, ja beseligt

Auch dieser schwere Sommer verging wie jeder andere. Anfang Herbst kam der Maurus, der ausgelernt hatte, aus Karlsruhe nach Hause. Die Herrschaften waren fort. Der Maxl ging ins Holz oder fuhr Mist auf die Felder und überließ dem Maurus die wenige Konditorarbeit. Er sah ihn nicht gern, redete wenig mit ihm, die beiden wichen einander, so gut es ging, aus, doch sie stritten wenigstens nie. Nun gab es ruhigere Zeiten für mich. Ich brauchte dem Maurus nicht viel zu helfen, aber ich tat es gern. Jetzt konnte ich ja oft bis nach Mitternacht schlafen, ehe wir das Backen anfingen.

Der Maurus hatte viele Bücher mitgebracht. Er las Goethe und Heine ebenso eifrig wie Flaubert, Balzac, Stendhal, Maupassant und Zola. Ibsen, Björnson und Strindberg, die damals in Deutschland gerade berühmt wurden, lagen ihm näher als Dostojewsky und Gogol, und Gorki mochte er lieber als Tolstoi. Er verstieg sich bis Leibniz, Spinoza, zu Fichte, Kant und Schopenhauer, aus deren Schriften er ganze Hefte voll tiefsinniger Sentenzen abschrieb. In diesen Heften standen auch Gedichte von Klassikern und solche, die er in Zeitungen oder Zeitschriften gelesen hatte. Jede Seite schmückte er mit einer hübschen, selbstgezeichneten Vignette, die er immer wieder verbesserte.

Maurus suchte mich beständig für seine Bücher zu interessieren und gab sich alle Mühe, mir das Gelesene begreiflich zu machen. Ich konnte aber vieles nicht erfassen und wurde schnell müde dabei. Dann wurde er ärgerlich und schlug mich, und es war seltsam, wie er sich dabei erregen konnte. Er war dem Weinen nahe vor Wut und redete in einem fort auf mich ein: „Ja, verstehst du's denn wirklich noch nicht? ... Noch nicht? ... Das ist doch schön! Da muß man doch lachen! Begreif doch, du Aff, du blöder! Warum weinst du denn, du Esel? ... Paß doch besser auf, dann wirst du schon dahinterkommen, wie wunderschön das ist." Ich wußte mir zuletzt nicht mehr anders zu helfen, wischte meine Tränen ab, nickte und versuchte, gefroren zu lachen oder beflissen zuzustimmen. Nach einiger Zeit aber lasen wir geradezu um die Wette und freuten uns über die Begeisterung, in die uns die Bücher versetzten.

Ich erinnere mich noch der Spaziergänge an den Sonntagnachmittagen, die wir, mit irgendeinem Buch in der Tasche, gemeinsam machten. Wir hockten uns auf einen stillen Wiesenabhang und schwärmten. Wir lasen damals den „Vater" von Strindberg. Mein Gott, und wir verstiegen uns sogar so weit, die Ehe unseres Vaters und unserer Mutter mit diesem strindbergschen Ehedrama zu vergleichen, und da war doch alles, alles ganz, ganz anders gewesen. Aber der Mensch, der zum erstenmal ganz hingegeben liest, dem scheint alles Gelesene Leben zu werden, Leben der nächsten Menschen, die er kennt!

Maurus blieb aber leider nicht lange daheim und suchte sich auswärts eine Stellung. Der Maxl war sehr zufrieden damit. Er hatte sich heimlich dessen Backrezepte abgeschrieben.

Für Anna und mich war die abenteuerliche Zeit, wo wir mit anderen Schulkameraden gewildert hatten, längst vorüber. Der Lenz war einmal dagewesen, hatte von einer Polizeistrafe, die er absitzen sollte, erzählt und gesagt: „Mich erwischen die nie! Ich geh' einfach zum Eugen nach Amerika!" Er nahm die Gewehre mit und verkaufte sie in München. Wir hörten nichts mehr von ihm.

Maurus hatte die Bücher mitgenommen. Ich aber konnte das Lesen nicht mehr missen. Wieder sprach ich mit dem Schuster Lang. Er willigte ein, und ich ließ mir eine Menge neuer Bücher an seine Adresse schicken. Niemand als Anna wußte es. Ich las ihr manchmal während des Brotaustragens Gedichte vor, und wir wurden schwärmerisch, ja beseligt, bis wir wieder daheim ankamen.

Roald Dahl

Die Bücher führten sie in neue Welten

„Vati“, sagte sie, „meinst du, daß du mir ein Buch kaufen könntest?“

„Ein Buch?“ fragte er. „Wozu brauchst du denn ein verdammtes Buch?“

„Zum Lesen, Vati.“

„Und was hast du gegen das Fernsehen, um Himmels willen? Wir haben einen fabelhaften Fernsehapparat mit einem Riesenbildschirm, und jetzt kommst du und willst ein Buch haben? Du bist ganz schön verwöhnt, mein Mädelchen!“

An Wochentagen war Matilda fast jeden Nachmittag allein zu Hause. Ihr Bruder, der fünf Jahre älter war als sie, ging in die Schule, ihr Vater zur Arbeit, und ihre Mutter fuhr zum Bingospielen in eine acht Kilometer entfernte Stadt. Frau Wurmwald war geradezu süchtig nach Bingo und spielte es an fünf Nachmittagen in der Woche. An dem Nachmittag, an dem sich ihr Vater geweigert hatte, ihr ein Buch zu kaufen, machte sich Matilda ganz allein auf und ging in die Stadtbücherei. Dort stellte sie sich der Bibliothekarin vor, einer Frau Phelps. Sie fragte, ob sie sich ein bißchen hinsetzen und ein Buch lesen dürfe. Frau Phelps, etwas verwirrt, daß so ein kleines Mädchen ohne elterliche Begleitung bei ihr auftauchte, erwiderte ihr trotzdem, daß sie herzlich willkommen sei.

„Wo sind bitte die Kinderbücher?“ erkundigte sich Matilda. – „Sie stehen da drüben auf den untersten Regalen“, erklärte ihr Frau Phelps. „Möchtest du vielleicht gern, daß ich dir ein schönes mit lauter Bildern heraussuche?“

„Nein danke“, antwortete Matilda, „ich kann das schon alleine.“

Von nun an bummelte Matilda an jedem Nachmittag, sobald ihre Mutter zum Bingo gefahren war, zur Stadtbücherei hinunter. Der Weg war nur zehn Minuten lang, und so blieben ihr zwei herrliche Stunden, in denen sie friedlich in einer gemütlichen Ecke hockte und ein Buch nach dem anderen verschlang. Nachdem sie alle Kinderbücher gelesen hatte, die es dort gab, begann sie sich auf die Suche nach etwas anderem zu machen.

Frau Phelps, die sie in den vergangenen Wochen gebannt beobachtet hatte, kam nun hinter ihrem Tisch hervor und ging zu ihr.

„Kann ich dir helfen, Matilda?“ fragte sie.

„Ich überleg mir gerade, was ich als nächstes lesen soll“, antwortete Matilda, „mit den Kinderbüchern bin ich durch.“

„Du meinst, du hast dir alle Bilder angeschaut?“

„Ja, aber gelesen hab ich die Bücher auch.“

Frau Phelps schaute von ihrer großen Höhe zu Matilda hinab, und Matilda blickte geradewegs zu ihr empor.

„Ein paar hab ich ziemlich schwach gefunden“, sagte Matilda, „aber ein paar andere waren zu schön. Am besten hat mir ‚Der geheime Garten‘ gefallen. Da gab’s soviel Geheimnis drin. Das Geheimnis von dem Raum hinter der verschlossenen Tür und das Geheimnis von dem Garten hinter der hohen Mauer.“

Frau Phelps stand da wie vom Donner gerührt. „Wie alt bist du eigentlich genau, Matilda?“ fragte sie.

„Vier Jahre und drei Monate“, antwortete Matilda.

Das raubte Frau Phelps erst recht die Fassung, aber sie war vernünftig genug, es nicht zu zeigen. „Was für ein Buch würdest du denn gerne als nächstes lesen?“ fragte sie.

Matilda erwiderte: „Am liebsten ein wirklich gutes, eins, das Erwachsene lesen. Ein berühmtes Buch. Ich kenn aber noch nicht die Namen."

Frau Phelps musterte die Bücherreihen und ließ sich dabei Zeit. Sie wußte nicht genau, was sie anbieten sollte. Wie wählt man nur, überlegte sie, ein berühmtes Erwachsenenbuch für ein vierjähriges Mädchen aus? Ihr erster Gedanke war, ein Jugendbuch herauszuziehen, eine von diesen süßlichen Geschichten, die für fünfzehnjährige Schülerinnen geschrieben werden, aber dann merkte sie, wie sie unerklärlicherweise instinktiv an diesem speziellen Regal vorüberging.

„Versuch es einmal mit diesem", sagte sie schließlich, „es ist sehr berühmt und sehr gut. Wenn's zu dick für dich ist, dann sag mir nur Bescheid, und ich suche dir etwas Kürzeres und Leichteres heraus."

„‚Große Erwartungen'", las Matilda, „von Charles Dickens. Da will ich gerne hineinschauen."

Ich muß verrückt sein, sagte sich Frau Phelps insgeheim, aber Matilda entgegnete sie: „Das kannst du natürlich gerne tun."

Im Lauf der folgenden Nachmittage konnte Frau Phelps kaum die Augen von dem kleinen Mädchen lösen, das stundenlang in dem großen Armsessel im hintersten Winkel des Raumes saß und das Buch auf dem Schoß hielt. Es lag ihr nämlich auf dem Schoß, weil es viel zu schwer war, als daß sie es in der Hand hätte halten können, und das bedeutete, daß sie sich vorbeugen mußte, um lesen zu können. Es war ein merkwürdiger Anblick, dieses winzige dunkelhaarige Geschöpf, dessen Füße noch längst nicht den Boden berührten und das vollkommen versunken war in die wunderbaren Abenteuer von Pip und der alten Miss Havisham und ihrem spinnwebenumsponnenen Haus und in den Zauber, den Dickens, der große Geschichtenerzähler, mit seinen Worten bewirkt. Die einzige Bewegung des lesenden Kindes bestand darin, daß es von Zeit zu Zeit die Hand hob und eine Seite umblätterte, und Frau Phelps war immer wieder traurig, wenn es für sie an der Zeit war, in den hintersten Winkel zu gehen und zu sagen: „Es ist zehn vor fünf, Matilda."

In der ersten Woche von Matildas Besuchen hatte Frau Phelps sie gefragt: „Bringt dich deine Mutter jeden Tag hierher und holt dich dann wieder ab?"

„Meine Mutter fährt jeden Nachmittag nach Aylesbury und spielt Bingo", hatte Matilda erwidert, „sie weiß nicht, daß ich herkomme."

„Aber das ist sicher nicht richtig", wandte Frau Phelps ein, „ich finde, du solltest sie lieber fragen."

„Das finde ich nicht", antwortete Matilda, „sie hält nichts vom Lesen. Mein Vater auch nicht."

„Und was solltest du jeden Nachmittag in einem leeren Haus machen?"

„Nur so rumhängen und fernsehen."

„Aha."

„Es ist ihr eigentlich egal, was ich tue", setzte Matilda etwas betrübt hinzu.

Frau Phelps machte sich immer Sorgen, wie Matilda heil und sicher durch die ziemlich verkehrsreiche Hauptstraße und über die große Kreuzung nach Hause kam, aber sie beschloß, sich nicht einzumischen.

Innerhalb einer Woche hatte Matilda „Große Erwartungen" ausgelesen, ein Buch, das in dieser Ausgabe vierhundertelf Seiten hatte. „Das hat mir gut gefallen", sagte sie zu Frau Phelps, „hat Herr Dickens noch andere Bücher geschrieben?"

(...) Im Lauf der nächsten sechs Monate las Matilda, stets aufmerksam und liebevoll von Frau Phelps beobachtet, die folgenden Bücher:

„Nicholas Nickleby" von Charles Dickens

„Oliver Twist" von Charles Dickens
„Jane Eyre" von Charlotte Brontë
„Stolz und Vorurteil" von Jane Austen
„Eine reine Frau – Tess von D'Urbervilles" von Thomas Hardy
„Kim" von Rudyard Kipling
„Der Unsichtbare" von H. G. Wells
„Der alte Mann und das Meer" von Ernest Hemingway
„Schall und Wahn" von William Faulkner
„Die Früchte des Zorns" von John Steinbeck
„Die guten Gefährten" von J. B. Priestley
„Am Abgrund des Lebens" von Graham Greene
„Farm der Tiere" von George Orwell

Das war eine stattliche Liste, und unterdessen platzte Frau Phelps fast vor Staunen und Aufregung, und es war vermutlich nur gut, daß sie sich nicht gestattete, vollkommen den Kopf zu verlieren. Fast jeder andere, der die Fortschritte dieses kleinen Kindes verfolgt hätte, wäre der Versuchung erlegen und hätte einen ungeheuren Wirbel veranstaltet und das Wunder in der ganzen Stadt heraustrompetet. Nicht so Frau Phelps. Sie gehörte zu den Menschen, die sich nur um die eigenen Angelegenheiten kümmern, und sie hatte schon längst entdeckt, daß es sich nicht auszahlte, wenn man sich bei anderer Leute Kindern einmischte.

„Herr Hemingway schreibt vieles, was ich nicht verstehe", sagte Matilda zu ihr, „besonders über Männer und Frauen. Aber es hat mir trotzdem gefallen. So wie er es erzählt, hab ich das Gefühl, ich wäre dabei und schaute zu, wie alles passiert."

„Dieses Gefühl wird dir ein guter Schriftsteller immer vermitteln", entgegnete Frau Phelps, „und kümmere dich nicht um die Kleinigkeiten, die du nicht verstehen kannst. Lehn dich einfach zurück und laß dich von den Wörtern umspielen wie von Musik."

„Ja, das will ich tun."

„Hast du gewußt", fuhr Frau Phelps fort, „daß du dir in öffentlichen Büchereien so wie dieser hier Bücher ausleihen und mit nach Hause nehmen kannst?"

„Das hab ich nicht gewußt", entgegnete Matilda, „dürfte ich das auch machen?"

„Natürlich", sagte Frau Phelps, „wenn du deine Wahl getroffen hast, brauchst du mir das Buch nur zu bringen, dann schreib ich's auf, und es gehört dir für zwei Wochen. Wenn du willst, kannst du dir auch mehr als eins ausleihen."

Von da an tauchte Matilda nur einmal in der Woche in der Stadtbücherei auf, um sich neue Bücher zu holen und die ausgelesenen zurückzubringen. Ihr eigenes kleines Schlafzimmer verwandelte sich nun in ein Lesezimmer, und dort saß sie an den meisten Nachmittagen und las, wobei oft ein Becher mit heißer Schokolade neben ihr stand. Sie war noch nicht groß genug, um an alles in der Küche heranzukommen, aber sie bewahrte sich im Schuppen eine kleine Kiste auf, die sie dann hereinschleppte, um daraufzuklettern und sich das zu holen, worauf sie Lust hatte. Am liebsten machte sie sich Schokolade, indem sie Milch in ein Töpfchen goß und auf dem Herd erhitzte, bevor sie sie mit dem Pulver verrührte. Sie nahm meistens Bovril oder Ovaltine. Es war gemütlich, einen heißen Schluck mit hinauf in ihr Zimmer zu nehmen und neben sich zu haben, wenn sie nachmittags in der stillen Stube im leeren Hause saß und las. Die Bücher führten sie in neue Welten und machten sie mit erstaunlichen Menschen bekannt, die ein aufregendes Leben führten. Sie stach mit Joseph Conrad auf altmodischen Segelschiffen in See. Sie folgte Ernest Hemingway nach Afrika und Rudyard Kipling nach Indien. Sie reiste durch die ganze Welt, während sie in ihrem kleinen Zimmer in einem englischen Städtchen saß.

Martin Walser

Dieses durchs Lesen gesteigerte Selbstverständnis

Das ist Lesen. Du stehst auf dem Spiel. Es gelingt keine Distanz. Stürmisch erlebst du den Zugewinn an Innenlicht und Innenraum, also an Selbstgefühl, und sei's durch Beschämung. Du bist noch zu beschämen. Und wie. Das rechnest du dir hoch an. Das spürst du sogar als eine Art Kraft. Du bist eben, solange du liest, stärker als du bist. Wenn sich das halten lassen könnte, dieses durchs Lesen gesteigerte Selbstverständnis! Man könnte es eine Lust nennen.

Italo Calvino

Er war kein hastiger, gieriger Leser

Die Küstenstraße verlief hoch oben über dem Kap; das Meer lag ringsum in der Tiefe, bis hin zum verschwommenen Horizont. Auch die Sonne war überall, als wären Himmel und Meer zwei Linsen, die sie vergrößerten. Unten rauschte das ruhige Wasser ohne Gischt gegen die bizarren Einschnitte der Felsen. Amedeo Oliva stieg eine steile Treppe hinab und trug sein Fahrrad auf dem Rücken. An einer schattigen Stelle ließ er es zurück, nachdem er es mit dem Speichenschloß gesichert hatte. Dann schritt er weiter die Stufen hinunter zwischen Einsturzstellen aus gelber, trockener Erde und Agaven, die im Leeren hingen, und seine Augen suchten bereits nach der bequemsten Falte im Felsen, wo er sich hinlegen könnte. Er hatte ein zusammengerolltes Handtuch unter dem Arm, in das die Badehose und ein Buch eingewickelt waren.

Das Kap war ein einsamer Ort. Nur wenige Grüppchen Badender tummelten sich im Wasser oder nahmen ein Sonnenbad, voreinander verborgen in den schluchtähnlichen Einschnitten der Felsen. Zwischen zwei Blöcken, die ihn vor den Blicken schützten, kleidete Amedeo sich aus, zog die Badehose an und begann, von Klippe zu Klippe zu setzen. So überquerte er mit Sprüngen seiner mageren Beine die Hälfte des Felsenriffs, wobei er manchmal dicht über die Nasen der halb versteckten Paare hinwegflog, die auf Frottiertüchern lagen. Das Massiv aus Sandstein mit poröser, unebener Oberfläche war überschritten, nun kamen glatte Felsen mit stumpfen Umrissen; Amedeo streifte die Sandalen ab, nahm sie in die Hand und lief barfuß weiter, mit der schlafwandlerischen Sicherheit dessen, der ein geübtes Auge für die Entfernung von einer Klippe zur anderen und unempfindliche Fußsohlen hat. Er erreichte eine Stelle, die steil aus dem Wasser aufragte, über die Felswand führte in halber Höhe eine Art Sims. Dort hielt Amedeo an. Auf den flachen Vorsprung legte er seine Kleidungsstücke, ordentlich zusammengefaltet, und darüber, mit der Sohle nach oben, die Sandalen, damit nicht ein Windstoß alles fortriß – zwar wehte nur ein schwacher Lufthauch vom Meer, aber es war bei ihm wohl eine gewohnte Vorsichtsmaßnahme. Der kleine Beutel, den er bei sich hatte, war ein Gummikissen; er blies es auf, legte es hin und breitete anschließend, auf einer Fläche, die vom Felsrand leicht abfiel, das Handtuch aus. Er warf sich mit dem Rücken darauf, und sofort öffneten seine Hände das Buch beim Lesezeichen. So lag er nun ausgestreckt auf dem Felsen, in der prallen Sonne, die von überall strahlte, mit uneingefetteter Haut – er war braungebrannt, doch ungleichmäßig, wie einer, der sich der Sonnenbestrahlung ohne Methode aussetzt, gegen Verbrennungen jedoch gefeit ist; sein Kopf, mit einer weißen Leinenmütze bedeckt, die er angefeuchtet hatte – denn er war auf eine niedrige Klippe hinuntergestiegen, um die Mütze ins Wasser zu tauchen –, ruhte auf dem Gummikissen, und nur die Augen – unsichtbar hinter der dunklen Brille – verfolgten auf den weißen und schwarzen Zeilen das Pferd Fabrizio del Dongos. Unter ihm gähnte eine kleine Bucht mit blaugrünem Wasser, das fast bis auf den Grund durchscheinend war. Die Klippen waren je nach ihrer Lage kalkig weiß oder mit Algen bedeckt. Ein kleiner Strand voller Kieselsteine wand sich im Hintergrund. Amedeo hob hin und wieder den Blick, betrachtete die sich darbietende Aussicht, ein Flimmern im Wasser oder den schrägen Lauf eines Krebses; dann kehrte er voll innerer Sammlung zu der Seite zurück, auf der Raskolnikow die Stufen zählte, die ihn noch von der Tür der Alten trennten, oder auf der Lucien de Rubempré die Türme und die Dächer der Conciergerie anschaute, bevor er den Kopf in die Schlinge steckte.

Seit einiger Zeit neigte Amedeo dazu, seine Teilnahme am aktiven Leben auf ein Minimum zu beschränken. Nicht, daß er die Tat an sich nicht liebte, im Gegenteil, sein ganzer Charakter und auch sein Geschmack waren von der Liebe zum Handeln bestimmt; trotzdem verringerte sich von Jahr zu Jahr sein Tatendrang, er wurde immer schwächer, bis sich Amedeo schließlich selbst fragte, ob er tatsächlich jemals von einer solchen Manie besessen gewesen sein konnte. Das Interesse an rühriger Aktivität lebte jedoch weiter in seinem Vergnügen, das er beim Lesen empfand; seine Passion waren Tatsachenerzählungen, die Geschichten, die Verwicklungen menschlicher Schicksale. Vor allem also Romane aus dem neunzehnten Jahrhundert, aber auch Memoiren und Biographien, und so weiter und so fort, bis hin zu den Kriminalschmökern und den utopischen Romanen, die er keineswegs verschmähte, die ihn jedoch weniger befriedigten, schon weil es dünnere Bände waren. Amedeo liebte die dicken Bände, und wenn er sie in Angriff nahm, dann tat er es mit dem physischen Vergnügen, mit dem man an eine schwere Arbeit geht. Sie in der Hand wägen, ihre Dichte, ihren Umfang, ihr Format genießerisch in Augenschein nehmen, ein wenig beklommen die Seitenzahl und die Länge der Kapitel abschätzen; dann hineinsteigen, ein wenig widerstrebend am Anfang, ohne den Willen, die erste Mühe zu überwinden, die erforderlich ist, um sich die Namen zu merken und den roten Faden der Handlung zu erfassen; dann, Vertrauen schöpfend, die Zeilen durcheilen, das Flechtwerk der einförmigen Seite bewältigen – und da erschien hinter den Bleilettern auch schon der Rauch und das Feuer der Schlacht, die Kugel, die durch die Luft pfiff und vor den Füßen des Fürsten Andrei einschlug, und da auch der Laden, vollgestopft mit Stichen und Skulpturen, und mit Herzklopfen machte Frédéric Moreau seinen ersten Besuch bei den Arnoux. Hinter der Oberfläche der Buchseite betrat man eine Welt, in der das Leben intensiver war als hier, auf dieser Seite: wie bei der Oberfläche des Meeres, die uns von jener blauen und grünen Welt trennt – Risse, so weit das Auge sehen kann, endlose Bereiche aus feinem, welligem Sand, Wesen, die halb Tier, halb Pflanze sind.

Die Sonne stach, die Klippe war glühend heiß, und bald fühlte Amedeo sich eins mit der Klippe. Er war am Ende des Kapitels angelangt, klappte das Buch zu, wobei er die Werbebeilage als Lesezeichen benutzte, setzte Leinenmütze und Brille ab, richtete sich halbbenommen auf und lief in langen Sätzen bis an den äußersten Rand des Felsens, wo zu jeder Tageszeit Kinder ins Wasser sprangen und wieder heraufkletterten. Amedeo baute sich auf einer Stufe auf, die senkrecht über dem Meer hing, keineswegs hoch, nur wenige Meter über dem Wasser, musterte mit noch geblendeten Augen die flimmernde Transparenz unter sich und stürzte sich dann resolut hinein. Sein Sprung war stets der gleiche, ein Hechtsprung, ziemlich korrekt, doch zeichnete er sich durch eine gewisse Steifheit aus. Der Übergang von der sonnenheißen Luft in das warme Wasser wäre kaum zu spüren, wenn er nicht so plötzlich gewesen wäre. Amedeo tauchte nicht gleich wieder auf, er liebte es, unter Wasser zu schwimmen, tief unten, mit dem Bauch beinahe am Grund, solange der Atem reichte. Er fand Gefallen an physischer Anstrengung, an schwierigen Aufgaben; deshalb kam er auf das Kap, um sein Buch zu lesen, und bewältigte den Aufstieg mit dem Fahrrad, wobei er wie wild in der mittäglichen Sonne die Pedale trat. Wenn er unter Wasser schwamm, dann suchte er jedesmal eine Klippenwand zu erreichen, die an einer bestimmten Stelle aus dem Sand des Meeresgrundes aufragte und mit einem dichten Seegrasflor bedeckt war. Er tauchte zwischen diesen Riffen auf, schwamm eine Weile im Kreise und begann methodisch zu kraulen, verbrauchte dabei jedoch unnötig viel Kraft; bald war er es müde, mit dem Gewicht unter Wasser wie ein Blinder umherzurudern, und ging zu einem freieren Armschlag über, zum Kraul; die bessere Sicht verschaffte ihm mehr Befriedigung als die Bewegung, und kurz darauf begann er auf dem Rücken zu schwimmen, immer weniger gleichmäßig, mit immer längeren Pausen zwischen den Bewegungen, bis er schließlich ganz still hielt. So wälzte und drehte er sich in diesem uferlosen Bett, einmal setzte er sich das Ziel, eine Insel zu erreichen, ein andermal eine bestimmte Anzahl von Armschlägen auszuführen, und er fand keine Ruhe, bevor er diese Aufgabe erledigt hatte; eine Weile verharrte er träge, wandte sich wieder dem offenen Meer zu, von dem Wunsch beseelt, nichts weiter um sich zu haben als den Himmel und das Wasser, näherte sich dann den Riffen, die rings um das Kap verstreut waren, damit ihm ja keine der möglichen Schwimmrouten dieses kleinen Archipelagos entging. Doch als er so schwamm, merkte er, daß die Neugier, die jetzt in ihm die Oberhand gewann, jene war, zu erfahren, wie es – nehmen wir an – mit der Geschichte von Albertine weiterging. Würde Marcel sie wiederfinden? Er schwamm mit Ungestüm, oder aber er ließ sich treiben, doch sein Herz war zwischen den Seiten des Buches, das er am Strand zurückgelassen hatte. Nun war er mit kraftvollen, raschen Stößen an seiner Klippe angelangt, suchte die Stelle, an der er sich hinaufschwingen konnte, und da war er auch schon, fast ohne es zu merken, oben und rieb sich mit dem Frottierhandtuch den Rücken ab. Er setzte sich wieder die Leinenmütze auf den Kopf, legte sich in die Sonne und begann ein neues Kapitel zu lesen.

Er war kein hastiger, gieriger Leser. Er hatte ein Alter erreicht, in dem es mehr Vergnügen bereitet, ein Buch zum zweiten-, dritten- oder viertenmal zu lesen als zum erstenmal. Und doch hatte er noch viele Kontinente zu entdecken. Jeden Sommer kostete ihn das Packen des schweren Bücherkoffers vor der Abreise an die See die größte Mühe: Seinen Interessen und den Unterhaltungen gemäß, die er in den Monaten des Stadtlebens hatte, wählte Amedeo jedes Jahr bestimmte berühmte Bücher zu neuerlicher Lektüre aus und gewisse Autoren, die er zum erstenmal lesen wollte. Und hier auf der Klippe verdaute er sie, verweilte sinnend über den Sätzen, blickte häufig von dem Buch auf, um zu überlegen, um die Gedanken zu sammeln. Plötzlich, als er wieder einmal aufschaute, bemerkte er, daß sich auf dem kleinen steinigen Strand unten an der Bucht eine Frau niedergelassen hatte.

Sie war braungebrannt, hager, nicht mehr jung, auch nicht besonders hübsch, aber es wirkte vorteilhaft, daß sie nackt war – sie hatte einen knapp sitzenden Bikini an, der an den Rändern obendrein umgeschlagen war, um soviel Sonne wie nur möglich heranzulassen –, und Amedeos Auge fühlte sich davon angezogen. Er merkte, daß er beim Lesen immer häufiger von dem Buch aufsah und in die Luft schaute, und diese Luft war eben jene, die sich zwischen ihm und der Frau befand. Ihr Gesicht – sie lag schräg am Ufer, auf einer Luftmatratze, und Amedeo sah bei jedem Aufzucken der Pupillen die nicht überaus üppigen, aber ebenmäßigen Beine, den wundervoll glatten Bauch, die Brust, die zwar spärlich war, aber nicht unangenehm spärlich, sondern wahrscheinlich nur ein wenig verblüht, auf den Schultern etwas zuviel Knochen, ebenso am Hals und an den Armen, und das Gesicht maskiert durch eine schwarze Brille und durch die Krempe des Strohhuts – ihr Gesicht also war leicht gezeichnet, lebhaft, wissend und ironisch. Amedeo versuchte, ihren Typ einzuordnen: die unabhängige Frau, allein in der Sommerfrische, die den einsamen Felsenstrand den überlaufenen Anlagen vorzieht und sich mit dem größten Vergnügen von der Sonne schwarzbrennen läßt; er schätzte den Teil an träger Sensualität und chronischem Unbefriedigtsein in ihr ab, dachte flüchtig an die Möglichkeiten, die er für ein Abenteuer mit raschem Erfolg verhieß, verglich dies mit der Aussicht auf eine konventionelle Unterhaltung, ein Abendprogramm, erwog die Verpflegungsschwierigkeiten, die sich wahrscheinlich ergeben würden, die anstrengende Aufmerksamkeit, die eine neue Bekanntschaft immer erforderte, selbst wenn man sie nur oberflächlich schloß, und er begann weiterzulesen, überzeugt, daß diese Frau ihn wirklich nicht interessieren konnte.

Er hatte wohl schon zu lange an dieser Stelle des Felsens gelegen, oder aber jene hastigen Gedanken hatten in ihm eine Spur von Unruhe hinterlassen, jedenfalls fühlte er sich unbehaglich; die Unebenheiten der Klippe unter dem Handtuch, auf dem er sich ausgestreckt hatte, fingen an, ihm lästig zu werden. Er stand auf, um sich einen anderen Platz zu suchen. Einen Augenblick lang schwankte er zwischen zwei Stellen, die ihm gleichermaßen bequem schienen: einer, die weiter entfernt war von dem Strand, an dem sich die braune Signora sonnte – sogar hinter einem Felsvorsprung versteckt, der ihm völlig die Sicht nahm –, und einer anderen, die dichter daran war. Der Gedanke, näher heranzukommen, vielleicht durch einen unvorhergesehenen Umstand in ein Gespräch verwickelt zu werden und so die Lektüre unterbrechen zu müssen, ließ ihn sich sofort für den ersten Platz entscheiden; aber dann überlegte er, daß es wirklich so scheinen würde, als wollte er weglaufen, kaum daß diese Signora aufgetaucht war, und das könnte vielleicht als Unhöflichkeit gewertet werden. Er wählte also den zweiten Platz; schließlich fesselte ihn die Lektüre ja so sehr, daß es gar nicht sicher war, ob der Anblick dieser Frau – die übrigens nicht einmal besonders hübsch wirkte – ihn ablenken könnte. Er legte sich auf die Seite und hielt das Buch so, daß die Sicht zu ihr hin verdeckt war, aber es ermüdete ihn, den Arm ständig in dieser Höhe zu halten, und so ließ er ihn sinken. Jetzt stieß sein Blick, der die Zeilen entlanghuschte, sobald er vorn beginnen mußte, gleich hinter dem Seitenrand auf die Beine der einsamen Sommerfrischlerin. Auch sie hatte ihre Lage ein wenig verändert, um es sich bequem zu machen, und daß sie die Knie angehoben und die Beine gerade in Amedeos Richtung übereinandergeschlagen hatte, erlaubte ihm, gewisse Proportionen ihres Körpers, die keineswegs unerfreulich waren, genauer zu betrachten. Kurz, Amedeo hätte, obwohl eine Felsenklinge ihm in die Hüfte schnitt, keine bessere Position finden können. Das Vergnügen, das er beim Anblick der sonnengebräunten Signora empfand – ein Vergnügen am Rande gewissermaßen, aber durchaus nicht zu verachten, und man konnte es genießen, ohne dabei die geringste Mühe aufwenden zu müssen –, beeinträchtigte nicht das Vergnügen an der Lektüre, sondern ordnete sich ein in deren normalen Ablauf, so daß er jetzt sicher sein durfte, weiterlesen zu können, ohne die Versuchung, den Blick abzulenken.

Alles war still, ungehindert floß der Strom der Lektüre, dem die unbewegliche Landschaft als Rahmen diente, und die Signora war ein unerläßlicher Teil dieser Landschaft geworden. Amedeo hatte natürlich nur das eigene Vermögen, sich lange Zeit völlig reglos zu verhalten, in Betracht gezogen, nicht aber die Unruhe der Frau, die sich nun erhob und zwischen den Steinen hindurch ans Wasser ging. Sie war aufgestanden – so schloß Amedeo sofort –, um sich eine große Qualle von nahem anzusehen, die eine Schar Knaben mit Rohrstöcken ans Ufer hob. Die braungebrannte Signora beugte sich über die Qualle und fragte die Jungen aus; ihre Beine staken in Holzsandaletten mit sehr hohen Absätzen, die für die Klippen wohl wenig geeignet waren; ihr Körper war, so wie ihn Amedeo jetzt sah – von hinten betrachtet – der einer viel hübscheren und viel jüngeren Frau, als es vorher den Anschein hatte. Er überlegte, daß ihre Unterhaltung mit den Fischerjungen einem Mann, der auf ein Abenteuer ausging, eine „klassische" Gelegenheit bot: herantreten, selbst ein paar Worte über den Quallenfang zum besten geben und so ein Gespräch anknüpfen. Gerade das, was er um nichts in der Welt tun würde! fügte er im stillen hinzu und vertiefte sich wieder in seine Lektüre. Gewiß, diese Verhaltensnorm hinderte ihn auch, eine natürliche Neugier bezüglich der Qualle zu befriedigen, die offenbar von ungewöhnlichem Umfang war und auch eine eigenartige Farbnuance zwischen Rosa und Lila aufwies. Dieses Interesse für Meerestiere war bei ihm keineswegs abwegig, es hing mit seiner Leseleidenschaft zusammen. In diesem Augenblick nun wurde seine Aufmerksamkeit für die Seite, die er las – einen langen, beschreibenden Absatz –, schwächer, kurz, es war widersinnig, daß er sich, allein wegen der Gefahr, ein Gespräch mit der Sommerfrischlerin anzuknüpfen, auch solch spontaner und durchaus gerechtfertigter Impulse begab wie der Zerstreuung, ein paar Minuten lang eine Qualle von nahem zu betrachten. Er schlug das Buch beim Lesezeichen zu und erhob sich. Sein Entschluß hätte nicht stürmischer gefaßt werden können, denn gerade in diesem Moment trennte sich die Dame von den Jungen und schickte sich an, auf ihre Luftmatratze zurückzukehren. Amedeo bemerkte dies, während er näher kam, und es drängte ihn, sofort etwas zu sagen. Er rief den Jungen also zu: „Vorsicht! Sie kann gefährlich werden!"

Die Jungen, die rings um das Tier hockten, blickten nicht einmal auf, sie bemühten sich noch immer, die Qualle mit den Rohrstöcken, die sie in den Händen hielten, anzuheben und umzudrehen. Die Signora aber wandte sich lebhaft um und ging wieder dem Ufer zu mit einer halb fragenden, halb entsetzten Miene: „Uh, wie schrecklich! Beißt sie?"

„Wenn man sie berührt, verbrennt sie die Haut", erläuterte er und merkte, daß er nicht auf die Qualle, sondern auf die Sommerfrischlerin zuschritt, die sich wer weiß weshalb die Brust in einem unnötigen Schaudern mit den Armen bedeckte und die Qualle, dann wieder Amedeo verstohlen anblickte. Er beruhigte sie, und so hatten sie, wie vorauszusehen war, ein Gespräch angeknüpft; aber das tat nichts, Amedeo würde ja sofort zu seinem Buch zurückkehren, das auf ihn wartete; er wollte nur einen Blick auf die Qualle werfen, deshalb veranlaßte er die braungebrannte Signora, wieder in den Kreis der Knaben zu treten. Jetzt schaute sie angewidert zu, die Fingerknöchel an den Zähnen, und plötzlich, als sie so Seite an Seite standen, berührten sich ihre Arme und zögerten eine Weile, bevor sie sich voneinander lösten. Amedeo begann darauf, über Quallen zu dozieren. Seine Kenntnisse in dieser Materie reichten zwar nicht weit, doch er hatte einige Bücher bekannter Sportfischer und Unterwasserforscher gelesen, so daß er unter Umgehung der niederen Fauna gleich auf den berühmten Teufelsrochen zu sprechen kam. Die Sommerfrischlerin hörte ihm gespannt zu und redete dann und wann dazwischen, aber immer etwas Unpassendes, wie das bei Frauen so ist. „Sehen Sie die rote Stelle, die ich am Arm habe? Es wird doch nicht etwa eine Qualle gewesen sein?“ Amedeo tastete die Stelle dicht über dem Ellenbogen ab und verneinte. Die leichte Rötung rührte daher, daß sich die Signora beim Liegen darauf gestützt hatte.

Damit war alles zu Ende. Sie verabschiedeten sich, sie kehrte auf ihren Platz zurück, er auf den seinen, und er begann wieder zu lesen. Es war ein Intermezzo gewesen, das gerade die richtige Dauer gehabt hatte, nicht zu kurz und nicht zu lang, eine nicht unangenehme Kontaktaufnahme – die Signora war freundlich, zurückhaltend und gelehrig gewesen –, eben weil sie nur andeutungsweise war. Jetzt fand er in seinem Buch eine weit umfassendere und konkretere Beziehung zur Wirklichkeit, wo alles seinen Sinn, seine Wichtigkeit, seinen Rhythmus hatte. Amedeo fühlte sich in einer glänzenden Verfassung: Das bedruckte Papier öffnete ihm das wahre Leben, ein tiefgründiges Leben voller Leidenschaften, und wenn er aufschaute, dann fand er ein zwar zufälliges, aber fürs Auge wohltuendes Zusammenklingen von Farben und Empfindungen, eine periphere und dekorative Welt, die ihn zu nichts verpflichtete. Die braungebrannte Signora lächelte ihn von ihrer Matratze her an und winkte ihm zu, er antwortete mit einem Lächeln und einem Nicken und senkte wieder den Blick. Die Signora hatte jedoch etwas gesagt.

„Wie bitte?“

„Sie lesen wohl immer?“

„Nun ...“

„Ist das so interessant?“

„Ja.“

„Dann viel Spaß!“

„Danke.“

Er durfte die Augen nicht mehr heben, zumindest nicht vor dem Kapitelende. Er las es in einem Atemzug. Die Signora hatte jetzt eine Zigarette im Mund und gab ihm Zeichen, auf die Zigarette deutend. Amedeo hatte den Eindruck, daß sie schon seit einer Weile bemüht war, seine Aufmerksamkeit auf sich zu lenken. „Wie bitte?"

„... Streichhölzer ..."

„Leider nein, ich rauche nicht."

Das Kapitel war zu Ende, Amedeo überflog die ersten Zeilen des nächsten, die er außerordentlich anregend fand; aber damit er das neue Kapitel unbehelligt beginnen konnte, mußte so rasch wie möglich die Streichholzfrage geklärt werden. „Einen Moment!" Er stand auf und begann, halb betäubt von der Sonne, von einer Klippe zur anderen zu springen, bis er schließlich ein paar Leute fand, die rauchten. Er ließ sich eine Schachtel „Minverva" geben, eilte zu der Signora, zündete ihr die Zigarette an, lief zurück, um die Schachtel abzugeben, hörte die freundliche Aufforderung: „Behalten Sie sie nur", eilte wieder zu der Signora, um ihr die Streichhölzer zu überlassen, sie bedankte sich, er zögerte einen Augenblick, um etwas zum Abschied zu sagen, doch da begriff er, daß er nach diesem Zaudern etwas anderes sagen mußte, und er fragte: „Sie baden nicht?"

„Bald", entgegnete die Signora. „Und Sie?"

„Ich war schon im Wasser."

„Sie springen nicht noch einmal hinein?"

„Doch, ich lese noch ein Kapitel, dann schwimme ich wieder ein bißchen."

„Ich auch, ich rauche nur die Zigarette zu Ende, dann springe ich ins Wasser."

„Also bis nachher."

„Bis nachher."

Diese Art Verabredung verlieh Amedeo eine Ruhe,

die er – das wurde ihm jetzt erst bewußt – nicht mehr kannte, seit er die einsame Sommerfrischlerin bemerkt hatte. Jetzt lastete nicht länger die Pflicht auf ihm, mit der Signora einen Kontakt aufrechterhalten zu müssen; alles wurde auf den Augenblick des Badens verschoben – gebadet hätte er auch, wenn die Signora nicht dagewesen wäre –, und so konnte er sich jetzt ohne Hemmungen den Freuden der Lektüre widmen. Und das tat er in einem Maße, daß er gar nicht merkte, wie sich plötzlich – er war längst nicht am Ende des Kapitels angelangt – die Sommerfrischlerin, nachdem sie die Zigarette aufgeraucht hatte, erhob und sich ihm näherte, um ihn zum Schwimmen aufzufordern. Er erblickte die Holzsandaletten und die schlanken Beine dicht über dem Buch, schaute auf, ließ, von der Sonne geblendet, die Augen wieder auf das Buch sinken und las in aller Eile ein paar Zeilen, blickte von neuem auf und hörte sie sagen: „Platzt Ihnen nicht bald der Kopf? Ich springe ins Wasser!" Es war zwar schön, so weiterzulesen und dabei ab und zu aufzuschauen, aber da Amedeo nun nicht länger säumen durfte, tat er etwas, was ihm sonst nie unterlief: Er überging fast eine halbe Seite, bis zum Kapitelende, das er sehr aufmerksam las. Dann erhob er sich. „Also los! Springen Sie von der Spitze?"

Obwohl die Signora viel von Springen geredet hatte, stieg sie vorsichtig von einer Stufe in Höhe des Wasserspiegels ins Meer. Amedeo stürzte sich von einem Felsen herab, und zwar aus größerer Höhe als üblich. Es war um die Stunde, da sich die Sonne langsam dem Horizont zuneigte. Das Meer schien vergoldet. Sie schwammen in diesem Gold in einigem Abstand voneinander. Amedeo tauchte dann und wann und machte sich einen Spaß daraus, die Signora dadurch zu erschrecken, daß er unter ihr hindurchschwamm. Sagen wir, er gönnte sich den Spaß. Im Grunde freilich war es kindisch, aber was sollte er auch tun? Das Baden zu zweit war ein klein wenig langweiliger als sonst; gleichviel, der Unterschied war nur gering. Außerhalb der Goldreflexe verdüsterte das Wasser sein azurnes Blau, als breitete sich vom Grunde her eine tintenähnliche Finsternis aus. Es war zwecklos, nichts kam der Würze des Lebens gleich, die in den Büchern ist. Amedeo stieg über einige aus dem Wasser ragende Riffe hinweg und führte sie, die sich ängstlich gab; er hatte, um ihr auf eine kleine Insel hinaufzuhelfen, sogar ihre Hüften und ihre Brust angefaßt, aber seine Hände waren dadurch, daß er so lange im Wasser gewesen war, fast unempfindlich geworden und hatten weiße, geriffelte Fingerkuppen bekommen. Immer häufiger blickte er zu der Stelle hinüber, wo der bunte Buchumschlag leuchtete. Es war keine andere Geschichte, keine andere Erwartung möglich außer jener, die er zwischen den Seiten, dort, wo das Lesezeichen lag, unterbrochen hatte; alles andere war nur ein leeres Intervall.

Trotzdem schuf die Rückkehr ans Ufer, die gegenseitige Hilfe beim Hinaufklettern und beim Abtrocknen letztlich eine gewisse Vertraulichkeit, so daß Amedeo glaubte, es sei unhöflich, wenn er jetzt auf seinen alten Platz zurückkehrte. „Ach“, sagte er, „ich werde hier weiterlesen, ich hole nur mein Buch und das Kissen.“ Weiterlesen, hatte er gesagt, um kein Mißverständnis aufkommen zu lassen. Und sie: „Ja, recht so, ich werde eine Zigarette rauchen, und dann lese ich ein bißchen in der ‚Annabella‘.“ Sie hatte eine Frauenillustrierte bei sich, und so konnten nun beide lesen, jeder für sich. Ihre Stimme erreichte ihn wie ein kalter Tropfen auf den Nacken, aber sie sagte nur: „Warum liegen Sie auf dem harten Stein? Kommen Sie auf die Matratze, ich rücke ein Stück zur Seite.“ Der Vorschlag war liebenswürdig, auf der Matratze war es gemütlich, und Amedeo akzeptierte das Angebot bereitwillig. Sie lagen nun beide dort, er in der einen Richtung, sie in der anderen. Sie redete nicht mehr, sondern blätterte die bebilderten Seiten durch, und Amedeo konnte sich ganz in seine Lektüre vertiefen. Die Sonne schien nicht untergehen zu wollen, das Licht und die Wärme nahmen nicht ab, sie wirkten nur leicht gedämpft. Amedeo war in seinem Roman bereits dort angelangt, wo die größten Geheimnisse der Gestalten und des Milieus enthüllt sind und man sich in einer vertrauten Welt bewegt, in der sich eine gewisse Parität zwischen Autor und Leser, eine Vertraulichkeit herausgebildet hat und man nun gemeinsam weiterschreitet und nie aufhören möchte.

Auf der Gummimatratze konnte man auch jene kleinen Bewegungen ausführen, deren die Arme und Beine bedürfen, um nicht steif zu werden, und wie zufällig kam dabei eins seiner Beine mit einem ihrer Beine in Berührung. Ihm mißfiel das nicht; er rührte sich nicht, ihr wohl ebenfalls nicht, denn auch sie regte sich nicht. Die Süße des Kontaktes summierte sich zu der Lektüre und machte sie, was Amedeo betraf, noch vollkommener; doch sicherlich empfand die Sommerfrischlerin etwas anderes, denn sie stand auf, setzte sich hin und sagte: „Aber ..."

Amedeo war gezwungen, den Kopf vom Buch zu heben. Die Frau schaute ihn an, und in ihren Augen war Bitternis.

„Fehlt Ihnen etwas?" erkundigte er sich.

„Aber bekommen Sie denn das Lesen nie über?" fragte die Frau. „Man kann nicht behaupten, daß Sie ein geselliger Mensch sind! Wissen Sie nicht, daß man mit Damen Konversation pflegen muß?" fügte sie mit einem schwachen Lächeln hinzu, das vielleicht nur ironisch sein sollte, das aber Amedeo, der in diesem Moment alles gegeben hätte, um sich nicht von dem Roman trennen zu müssen, geradezu drohend schien.

Wie konnte ich mich bloß hierherlegen! dachte er. Jetzt war ihm klar, daß er mit dieser Frau an seiner Seite nicht eine einzige Zeile mehr lesen würde.

Ich müßte ihr zu verstehen geben, daß sie sich geirrt hat, dachte er, daß ich mich am wenigsten eigne, den Strandgalan zu spielen, daß ich ein Typ bin, dem man sich lieber gar nicht anvertraut. „Konversation?" fragte er laut. „Was für eine Konversation?" Und er streckte die Hand nach ihr aus. „Sehen Sie, wenn ich Ihnen jetzt mit den Händen auf den Leib rücke, dann werden Sie sich gewiß durch eine so unpassende Bewegung beleidigt fühlen, Sie werden mich vielleicht sogar ohrfeigen und sich dann entfernen." War es nun seiner natürlichen Zurückhaltung zuzuschreiben oder einer anderen Art Flirt, viel zärtlicher, der Art nämlich, die er in Wirklichkeit wollte – jedenfalls fiel die Liebkosung, anstatt brutal und herausfordernd zu sein, scheu, melancholisch, fast flehend aus: Er berührte ihren Hals mit den Fingern, hob die Halskette, die sie angelegt hatte, hoch und ließ sie wieder sinken. Die Antwort der Frau bestand in einer zunächst langsamen, gleichsam resignierten und ein wenig ironischen Bewegung – sie drückte das Kinn seitlich an, um seine Hand festzuhalten –, dann in einer schnellen, einem berechneten, aggressiven Zuschnappen: Sie biß ihn in den Handrücken.

„Au!" schrie Amedeo. Sie fuhren auseinander.

„So machen Sie also Konversation?" fragte die Signora.

„Nun", erwiderte Amedeo rasch, „diese Art, Konversation zu machen, gefällt Ihnen nicht, folglich unterbleibt jede Konversation, und ich lese weiter." Und schon hatte er sich auf einen neuen Absatz gestürzt. Aber er versuchte, sich selbst zu betrügen. Er hatte sehr wohl begriffen, daß man schon zu weit gegangen war, daß zwischen ihm und der braungebrannten Signora eine Spannung entstanden war, die nicht mehr zu unterbrechen war; er begriff auch, daß er der erste war, der sie nicht abbrechen wollte, zumal es ihm ja doch nicht gelingen würde, zu der alleinigen Spannung der Lektüre zurückzukehren, die ganz auf innere Sammlung abgestimmt war. Er konnte indes versuchen, es so einzurichten, daß diese äußere Spannung sozusagen parallel zu der andren verlief, daß er also weder auf die Signora noch auf das Buch zu verzichten brauchte.

Da sich die Signora mit dem Rücken an eine Klippe gelehnt hatte, setzte er sich neben sie und legte ihr einen Arm um die Schultern, während er das Buch auf den Knien hielt. Er wandte sich ihr zu und küßte sie. Sie lösten sich und küßten sich von neuem. Dann senkte er den Kopf und begann wieder zu lesen.

Solange es möglich war, wollte er in der Lektüre fortfahren. Er fürchtete, es könnte ihm nicht gelingen, das Buch durchzulesen. Der Anfang eines Verhältnisses an der See konnte sehr wohl das Ende seiner einsamen, stillen Stunden bedeuten, einen grundverschiedenen Rhythmus, der sich seiner Ferientage bemächtigen würde! Man weiß ja: Hat man sich erst einmal ganz in ein Buch hineingelebt, dann ist, wenn man die Lektüre unterbrechen muß und erst einige Zeit später wiederaufnimmt, der größte Teil der Freude verloren; viele Einzelheiten sind vergessen, und es gelingt nicht, sich ebensogut wie zuvor hineinzuversetzen.

Die Sonne ging allmählich hinter dem nächsten Vorgebirge unter, dann hinter dem folgenden und hinter dem, das danach kam, und ließ sie im Gegenlicht ohne Farben zurück. Die Badelustigen waren aus den Schluchten des Kaps verschwunden. Sie waren jetzt allein. Amedeo umspannte die Schultern der Sommerfrischlerin mit einem Arm, las, küßte sie auf den Hals und auf die Ohren – was ihr, wie er festzustellen glaubte, gefiel –, und wenn sie sich ihm zuwandte, küßte er sie auf den Mund; dann las er weiter. Vielleicht hatte er diesmal wirklich das ideale Gleichgewicht gefunden: Er hätte so noch ein ganzes Hundert Seiten lesen mögen. Aber wieder war sie es, die die Situation zu ändern versuchte. Sie begann sich steif zu machen, ihn zurückzudrängen und sagte schließlich: „Es ist spät. Gehen wir. Ich ziehe mich an."

Dieser plötzliche Entschluß eröffnete ganz andere Perspektiven. Amedeo wirkte ein wenig hilflos, aber er erwog nicht lange das Für und Wider. Er war am Höhepunkt des Buches angelangt, und ihr Satz: „Ich ziehe mich an" hatte sich, kaum vernommen, in seinem Kopf in einen anderen verwandelt: Während sie sich anzieht, habe ich noch etwas Zeit, ein paar Seiten ungestört zu lesen.

Sie aber forderte ihn auf: „Halte bitte das Handtuch hoch" – sie duzte ihn jetzt vielleicht zum erstenmal –, „damit mich keiner sieht." Die Vorsicht war überflüssig, denn der Felsenstrand war menschenleer, aber Amedeo tat ihr gern den Gefallen, zumal er das Handtuch im Sitzen halten und in dem Buch weiterlesen konnte, das auf seinen Knien lag.

Die Signora hatte hinter dem Handtuch den Büstenhalter abgelegt, ohne sich darum zu kümmern, ob er es sah oder nicht sah. Amedeo wußte nicht, sollte er sie anschauen und tun, als läse er, oder sollte er lesen, während er so tat, als schaute er zu. Ihn reizte das eine wie das andere, doch er hielt es für indiskret, sie anzustarren; las er aber weiter, dann wirkte er gewiß allzu gleichgültig. Die Signora wandte nicht die übliche Methode der Badenden an, die sich im Freien ankleiden, indem sie sich zuerst die Sachen überstreifen und dann den Badeanzug darunter ausziehen; nein, jetzt, da sie mit entblößter Brust dasaß, zog sie auch noch den Slip aus. In diesem Moment wandte sie ihm zum erstenmal ihr Gesicht zu – es war ein trauriges Gesicht, mit einer Falte der Bitternis am Mund –, und sie schüttelte den Kopf, sie schüttelte den Kopf und blickte ihn an.

Da es doch geschehen muß, soll es gleich geschehen! dachte Amedeo und warf sich mit dem Buch in der Hand, einen Finger zwischen den Seiten, nach vorn; aber was er in ihrem Blick las – Tadel, Mitleid, Niedergeschlagenheit, als wollte sie zu ihm sagen: „Dummer, wir machen das, wenn uns nichts anderes übrigbleibt, aber auch du begreifst nichts, wie die anderen Männer!" –, das heißt, das, was er nicht las, denn er verstand nicht, in den Augen zu lesen, sondern was er verschwommen merkte, rief in ihm einen solchen Gefühlsüberschwang für diese Frau hervor, daß er, während er sie umarmte und mit ihr auf die Gummimatratze fiel, kaum den Kopf nach dem Buch wandte, um zu sehen, ob es vielleicht im Meer gelandet war.

Aber es lag dicht neben der Matratze, aufgeschlagen, nur ein paar Seiten waren umgeblättert, und Amedeo, obzwar noch immer im Feuer der Umarmung, suchte eine Hand freizubekommen, um das Lesezeichen an die richtige Stelle zu schieben. Nichts ist nämlich ärgerlicher, als wenn man lesen will und dann erst blättern muß, ohne den Faden finden zu können.

Die Liebesharmonie war vollkommen. Sie hätte zwar etwas länger hinausgezögert werden können; aber war nicht alles blitzartig gewesen bei dieser Begegnung?

Es wurde dunkel. Unten endeten die Felsen, schräg abgleitend, in einer kleinen Bucht. Sie war jetzt dort hinuntergegangen und stand im Wasser. „Komm her, laß uns noch einmal schwimmen ..." Amedeo biß sich auf die Lippen und zählte die Seiten, die er bis zum Schluß noch zu lesen hatte.

Dante Alighieri

An jenem Tage lasen wir nicht weiter

Dann hab ich mich an sie gewandt zur Antwort
Und sagte noch: „Francesca, deine Qualen
Erregen mich zum Mitleid und zum Weinen;
Doch sage mir: Zur Zeit der süßen Seufzer,
Womit und wie hat Liebe euch gewähret,
Daß ihr erkannt die zweifelhaften Wünsche?“
Und sie zu mir: „Kein andrer Schmerz ist größer,
Als zu gedenken an des Glückes Zeiten
Im Elend; dies kann auch dein Lehrer sagen.
Doch wenn die erste Wurzel zu erkennen,
Von unsrer Liebe du so sehr begehrest,
Dann will ich tun wie der, der weint und redet.
Wir lasen eines Tages zum Vergnügen
Von Lancelot, wie ihn die Liebe drängte;
Alleine waren wir und unverdächtig.
Mehrmals ließ unsre Augen schon verwirren
Dies Buch und unser Angesicht erblassen,
Doch eine Stelle hat uns überwältigt.
Als wir gelesen, daß in seiner Liebe
Er das ersehnte Antlitz küssen mußte,
Hat dieser, der mich niemals wird verlassen,
Mich auf den Mund geküßt mit tiefem Beben.
Verführer war das Buch und der's geschrieben.
An jenem Tage lasen wir nicht weiter.“

Dacia Maraini

Mit den Menschen zu zittern, die durch die Seiten spazieren

Draußen ist es dunkel. Die Stille, die Marianna umgibt, ist absolut und steril. In ihren Händen hält sie einen Liebesroman. Die Worte, sagt der Schriftsteller, werden von den Augen gepflückt wie Trauben von der Rebe, sie werden ausgepreßt vom Verstand, der sich wie ein Mühlstein dreht, dann rinnen sie in flüssiger Form glücklich durch die Adern. Ist das die göttliche Ernte der Literatur?

Mit den Menschen zu zittern, die durch die Seiten spazieren, den Saft fremder Gedanken zu trinken, die Trunkenheit auszukosten, die aus den Erlebnissen der anderen strömt. Die eigenen Sinne anzuregen durch das stets sich wiederholende Schauspiel einer stellvertretenden Liebe, ist das nicht auch eine Art Liebe? Was macht es schon, daß diese Liebe niemals direkt von Angesicht zu Angesicht durchlebt worden ist? Der Umarmung fremder Körper beizuwohnen, die uns mittels der Lektüre gleichwohl nah und bekannt sind, ist das nicht so, als würde man die Umarmung selbst erleben, obendrein mit dem Vorteil, Herr seiner selbst zu bleiben?

Ein Verdacht geht ihr durch den Kopf: daß sie nämlich die Seufzer der anderen nur belauscht. So wie sie versucht, denen, die um sie sind, den Rhythmus der Sätze von den Lippen zu lesen, verfolgt sie auf diesen Seiten das Gelingen und Mißlingen der Liebe von anderen Menschen. Gibt sie da nicht eine eher mitleiderregende Gestalt ab?

Wie viele Stunden hat sie nicht in der Bibliothek verbracht und gelernt, das Gold aus dem Sand zu sieben, es Tag für Tag zu wenden und zu reinigen und mit den Augen die trüben Wasser der Literatur zu durchdringen. Was hat sie daraus gewonnen? Ein paar grobe, krumme Körnchen Wissen. Von einem Buch zum nächsten, von einer Seite zur anderen. Hunderte von Liebesgeschichten, heitere, verzweifelte, Erzählungen vom Tod, von der Lust, von Morden, Begegnungen, Abschieden. Sie selbst aber sitzt immer in jenem Sessel mit dem abgenutzten, kreisförmigen Stickmuster hinter dem Kopf.

Auf den unteren Regalen, die auch für Kinderhände erreichbar sind, stehen vor allem Heiligenlegenden: Die Leiden der heiligen Eulalia, Das Leben des heiligen Leodegario; ein paar französische Bücher: Le jeu de Saint Nicolas, das Cymbalum mundi; ein paar spanische: Rimado de palacio oder Lazarillo de Tormes. Eine Menge von Almanachen: von Der Neumond über Liebe im Zeichen des Mars zu Die Ernte und Die Winde; dazu einige Erzählungen von französischen Rittern und ein paar Romane für junge Fräulein, in denen auf heuchlerisch harmlose Weise von der Liebe gesprochen wird.

Weiter oben, in Mannshöhe, stehen die Klassiker: von der Vita Nuova über den Rasenden Roland zu De rerum natura und den Dialogen des Platon sowie ein paar modische Romane wie Der getreue Colloander und die Jungfrauenlegenden.

Das waren die Bücher in der Bibliothek der Villa Ucría, als Marianna sie erbte. Doch seit sie sich so beharrlich dort aufhält, hat sich der Bestand an Büchern verdoppelt. Anfangs hat sie sich damit entschuldigt, daß sie Französisch und Englisch lernen wolle. Also wurden Wörterbücher, Grammatiken, Kompendien angeschafft. Sodann ein paar Reisebücher mit Zeichnungen von fernen Ländern, und endlich, mit wachsender Kühnheit, moderne Romane, Geschichtsbücher, philosophische Werke.

Seit die Kinder aus dem Haus sind, hat sie sehr viel mehr Zeit. Die Bücher reichen nicht mehr aus. Sie bestellt Dutzende davon, doch oft dauert es Monate, bis sie eintreffen. Wie jenes Paket mit Miltons Verlorenem Paradies, das fünf Monate lang im Hafen von Palermo lag, ohne daß jemand davon wußte. Oder auch die Histoire comique de Francion, die auf dem Seeweg zwischen Neapel und Sizilien verlorenging, weil das Boot, auf dem sie sich befand, in der Nähe von Capri Schiffbruch erlitt.

Andere Bücher hat sie verliehen und erinnert sich nicht mehr an wen; wie die Laïs der Marie de France, die nicht mehr zurückgekehrt sind. Oder der Romance de Brut, auf dem wohl ihr Bruder Carlo im Kloster von San Martino delle Scale sitzt.

Die Lesestunden, die sich bis in die Nacht hineinziehen, sind zwar anstrengend, aber auch voller Freuden. Marianna kann sich nie dazu entschließen, ins Bett zu gehen. Und wenn der Durst nicht wäre, der sie fast immer von der Lektüre wegtreibt, würde sie bis in die Morgenstunden weiterlesen.

Roland Barthes

Die Lust am Text

Wenn ich bereit bin, einen Text nach seiner Lust zu beurteilen, kann ich mich nicht dazu verstehen, zu sagen: dieser ist gut, jener ist schlecht. Keine Preise, keine Kritik, denn diese impliziert immer einen taktischen Zweck, einen sozialen Gebrauch und oft einen imaginären Vorwand. Ich kann nicht dosieren, mir nicht vorstellen, der Text sei vervollkommnungsfähig, einsatzbereit in einem Spiel der normativen Prädikate: das ist zuviel von diesem, zu wenig von jenem; der Text (und das gilt auch für die Gesangstimme) kann mich nur zu jenem keineswegs adjektiven Urteil hinreißen: das ist es! Oder mehr noch: das ist es für mich! Dieses „für mich“ ist weder subjektiv noch existentiell, sondern nietzscheanisch (Zugrunde liegt immer, „was ist das für mich?“).

Die arabischen Gelehrten scheinen, wenn sie vom Text sprechen, den wunderbaren Ausdruck der gewisse Körper zu gebrauchen. Welcher Körper? Wir haben mehrere; den Körper der Anatomen und Physiologen, den die Wissenschaft sieht und ausspricht: das ist der Text der Grammatiker, der Kritiker, der Kommentatoren, der Philologen (das ist der Phäno-Text). Aber wir haben auch einen Körper der Wollust, ausschließlich aus erotischen Beziehungen bestehend, ohne irgendein Verhältnis zum ersten: das ist eine andere Aufgliederung, eine andere Benennung; ebenso beim Text: er ist nur die offene Liste der Lichter der Sprache (jener lebendigen Lichter, jener aufflackernden Lichter, jener umherstreifenden Züge, die wie Saatkörner im Text verstreut sind und uns auf glückliche Weise die semina aeternitatis ersetzen, die zopyra, die landläufigen Begriffe, der fundamentalen Postulate der alten Philosophie). Der Text hat eine menschliche Form, er ist eine Figur, ein Anagramm des Körpers? Ja, aber unsres erotischen Körpers. Die Lust am Text wäre nicht reduzierbar auf sein grammatisches (phäno-textuelles) Funktionieren, so wie die Lust des Körpers nicht reduzierbar ist auf das physiologische Bedürfnis.

Die Lust am Text, das ist jener Moment, wo mein Körper seinen eigenen Ideen folgt – denn mein Körper hat nicht dieselben Ideen wie ich.

Die Lust am Text ist nicht zwangsläufig triumphierender, heroischer, muskulöser Art. Kein Anlaß, sich zu straffen. Meine Lust kann sehr wohl die Form eines Treibens annehmen. Ein solches Treiben geschieht immer dann, *wenn ich nicht das Ganze respektiere* und wenn ich, wie ein Korken auf dem Wasser hinundhergetrieben je nach den Illusionen, Verführungen und Einschüchterungen der Sprache, selbst unbeweglich bleibe und mich um die *unnachgiebige* Wollust drehe, die mich an den Text (an die Welt) bindet. Zu einem Treiben kommt es jedesmal, wenn die soziale Sprache, der Soziolekt *mir schwindet* (so wie man sagt: *mir schwindet der Mut*). Deshalb wäre ein anderes Wort für das Treiben: die UNNACHGIEBIGKEIT – oder vielleicht auch: die DUMMHEIT.

Mit jemandem zusammensein, den man liebt, und an etwas andres denken: so habe ich die besten Einfälle, so finde ich am besten, was ich für meine Arbeit brauche. Das gleiche gilt für den Text: er erregt bei mir die beste Lust, wenn es ihm gelingt, sich indirekt zu Gehör zu bringen; wenn ich beim Lesen oft dazu gebracht werde, den Kopf zu heben, etwas andres zu hören. Ich bin nicht notwendig durch den Text der Lust *gefesselt*; es kann eine flüchtige, komplexe, unmerkliche, geistesabwesende Handlung sein: eine plötzliche Kopfbewegung, wie die eines Vogels, der nicht hört, was wir hören, der hört, was wir nicht hören.

Die Lust am Text beachtet keine Ideologie. Indessen: das ist eine Unverschämtheit nicht aus Liberalismus, sondern aus Perversion: der Text, seine Lektüre, sind gespalten. Durchbrochen, gesprengt wird die moralische Einheit, die die Gesellschaft von jedem menschlichen Produkt verlangt. Wir lesen einen Text (der Lust) so, wie eine Fliege im Raum eines Zimmers umherfliegt: in plötzlichen, wie endgültig wirkenden, geschäftigen und sinnlosen Zickzackbewegungen: die Ideologie geht über den Text und seine Lektüre wie die Röte über ein Gesicht (manche genießen dieses Erröten in der Liebe); jedem Schriftsteller der Lust passiert dieses alberne Erröten (Balzac, Zola, Flaubert, Proust: einzig Mallarmé ist vielleicht seiner Hautfarbe Herr): bei einem Text der Lust sind die entgegengesetzten Kräfte nicht mehr im Zustand der Verdrängung, sondern des Werdens: nichts ist wirklich antagonistisch, alles ist plural. Leichtfüßig passiere ich die Nacht der Reaktion. Bei Fécondité von Zola, zum Beispiel, ist die Ideologie flagrant und besonders klebrig: Naturismus, Familiarismus, Kolonialismus; dennoch lese ich weiter. Ist diese Verrenkung banal? Man kann es vielmehr verblüffend finden, mit welcher haushälterischen Geschicklichkeit das Subjekt sich spaltet, seine Lektüre teilt, der Ansteckung durch das Urteil, der Metonomie des Zufriedenseins widersteht: liegt das daran, daß die Lust objektiv macht?

Gerhard Roth

Was ich lese

„Das Universum (das andere die Bibliothek nennen), setzt sich aus einer unbegrenzten und vielleicht unendlichen Zahl sechseckiger Galerien zusammen“, beginnt Jorge Luis Borges’ Erzählung „Die Bibliothek zu Babel“. Und endet: „Die Bibliothek ist unbegrenzt und zyklisch . . .“

Ich bin ein Silberfischchen in dieser Bibliothek, auf der Odyssee durch die Meere der Titel, Namen, Wörter, Sätze. Auf meinen nicht ganz freiwilligen Reisen, die ich fast zwanghaft unternehmen muß (wie ein Rauschgiftsüchtiger, der nicht und nicht von seinen Drogen loskommt), stoße ich unvermutet auf Bilder aus ägyptischen Gräbern und der italienischen Renaissance, auf naturwissenschaftliche Formeln, philosophische Sentenzen, anatomische Beschreibungen oder politische Exkurse. Häufig verirre ich mich in den raschelnden Seiten von Tageszeitungen, in denen ein reger Buchstabenverkehr herrscht. Verlasse ich die Bibliothek, leide ich früher oder später an Entzugserscheinungen, die unter dem Namen „Cold Book Turkey“ allen Silberfischlein der Bibliothek bekannt sind. Zu Hause bin ich derzeit (unstet geworden) in verschiedenen Büchern, in denen ich Teile der Nacht verbringe, wenngleich ich oft beunruhigt aus einem Buchstaben-Alptraum erwache: zum Beispiel in Andrej Tarkowskijs „Die versiegelte Zeit“, Anthony Burgess’ „Joyce für Jedermann“ (???) oder Albert Camus’ „Der Fall“. Aufgewachsen bin ich in „Kinderbüchern“ wie Swifts „Gullivers Reisen“, Defoes’ „Robinson Crusoe“ oder Hugh Loftings „Doctor Doolittles Zirkus“. Eine Zeit verbrachte ich in Comic-Heften meine Sommerferien. Unter anderen in „Tarzan"-, „Prinz-Eisenherz"- und „Mickey Mouse"-Geschichten. Mein Hochschulstudium absolvierte ich im gewaltigen Bauch von Melvilles „Moby Dick". Seither habe ich viel erlebt. Meine letzten glückhaften Abenteuerfahrten gingen unter anderem in Jean Paul Sartres „König Albemarle oder Der letzte Tourist" (eines der schönsten Bücher), Harold Brodkeys „Profane Freundschaft" (eindrucksvoll) und Musashis „Das Buch der fünf Ringe" (kriegerisch).

Drei Tage ohne Buch –
und deine Sprache verliert an Geist,
dein Gesicht an Glanz.

Huang Ting-Tschien

Quellennachweis

Karl Wolfskehl: Lobgesang; aus: Ders.: Gesammelte Werke. Bd. 1. Dichtungen, Dramatische Dichtungen. Hrsg. von Margot Ruben/Claus Victor Bock. Hamburg (Claassen) 1960. © Deutsche Schillergesellschaft.
Jakob Haringer: O feines, zartes und heiteres Glück: lesen!; aus: Ders.: Von der Einsamkeit und den Büchern. In: Zeitschrift für Bücherfreunde, 36. Jahrgang, Heft 8, 1932. © Gesellschaft der Bibliophilen e.V.
Sara Sef: Die süße Freiheit, um zu lesen; aus: Dies.: Die Herrin der Träume. Frankfurt a.M. (Eichborn) 1995. © Vito von Eichborn GmbH & Co Verlag KG, Frankfurt a.M., 1995.
Anna Seghers: Ich hätte bis zum Morgengrauen lesen können; aus: Dies.: Transit. Hamburg/Zürich (Luchterhand) 1978. © Aufbau-Verlag GmbH, Berlin 1951.
Kurt Tucholsky: Das Richtige ist: das intensive Buch; aus: Ders.: Narkose durch Bücher. Gesammelte Werke, Bd. 3 1929-1932, Reinbek bei Hamburg (Rowohlt) ^{3}1972. © Rowohlt Verlag GmbH Reinbek.
Robert Walser: Ein Buch bezaubert, beherrscht uns; aus: Ders.: Das Gesamtwerk. Hrsg. von J. Greven. Bd. 2. Genf/Hamburg (Kossodo Verlag) 1966. © Suhrkamp Verlag.
Jane Austen: Ich bin ganz hingerissen von dem Buch!; aus: Dies.: Kloster Northanger. Stuttgart (Reclam) 1981.
Miguel de Cervantes Saavedra: Er füllte den Kopf mit allem an, was er in seinen Büchern fand; aus: Ders.: Der scharfsinnige Ritter Don Quixote von der Mancha. Frankfurt a.M. (Insel) 1975.
Christoph Martin Wieland: Er würde die ganze Nacht durch gelesen haben; aus: Ders.: Die Abenteuer des Don Sylvio von Rosalva. Erster Theil; aus: Ders.: Sämtliche Werke Teil IV, Bd. 11. Hamburg (Greno) 1984.
Italo Calvino: Beim Lichte einer Laterne las er auch in der Dunkelheit noch weiter; aus: Ders.: Der Baron auf den Bäumen. Berlin (Volk und Welt) ^{2}1983. © 1984 Carl Hanser Verlag München Wien.
Walter Benjamin: Über und über beschneit vom Gelesenen; aus: Ders.: Einbahnstraße. Frankfurt a.M. (Suhrkamp) 1969. © Suhrkamp Verlag Frankfurt a.M. 1969.
Jean-Paul Sartre: Die Bücher waren meine Vögel; aus: Ders.: Die Wörter. Übersetzt von Hans Mayer. Reinbek bei Hamburg (Rowohlt) 1968. © Rowohlt Verlag GmbH.
Günter de Bruyn: So süchtig war ich danach; aus: Ders.: Zwischenbilanz. Eine Jugend in Berlin. Frankfurt a.M. (Fischer Taschenbuch) 1994. © S. Fischer Verlag GmbH.
Albert Camus: Hauptsache, es war klar geschrieben; aus: Ders.: Der erste Mensch. Deutsch von Uli Aumüller. Reinbek bei Hamburg (Rowohlt) 1995.
Johanna Schopenhauer: Vier dicke Oktavbände!; aus: Dies.: Im Wechsel der Zeiten, im Gedränge der Welt. Jugenderinnnerungen, Tagebücher, Briefe. München (Winkler) 1986.
Irmtraud Morgner: Sechs Wochen Magie ohne Musik; aus: Der Koffer oder Faust in der Küche. In: Texte, Daten, Bilder. Hrsg. von Marlis Gerhardt. Frankfurt a.M. (Luchterhand) 1990. © Luchterhand Literaturverlag GmbH.
Klaus Mann: Ich las gierig, enthusiastisch, unersättlich; aus: Ders: Der Wendepunkt. Ein Lebensbericht. München (Nymphenburger) 1969. © Rowohlt Verlag GmbH.
Anna Louisa Karsch: Da waren neue Welten für mich; aus: Brief an J. G. Sulzer vom 1.9.1772. In: Gedichte und Lebenszeugnisse. Hrsg. von Alfred Anger. Stuttgart (Reclam) 1987.
Henry Miller: Ich ertränke mich darin; aus: Ders.: Plexus. Reinbek bei Hamburg (Rowohlt) 1985. © Rowohlt Verlag GmbH.
Jean Paul: Er las ihn vierzigmal; aus: Ders.: Leben Fibels, des Verfassers der Bienrodischen Fibel. Werke. Bd. 6. Hrsg. von Norbert Miller. München (Hanser) 1963.
Hugo Dittberner: Wir tauchen ein und sind weg; aus: Die letzten Buchstaben. In: Von Dichtersesseln, Eselsohren, Schusterjungen und Leseratten. Hrsg. von Günter Affholderbach/Klaudia Strohmann. Siegen (Affholderbach & Strohmann) 1985. © Hugo Dittberner.
Gerhard Roth: Es war ein angenehmes Gefühl der Schwere; aus: Erste Lese-Erlebnisse. Hrsg. von Siegfried Unseld, Frankfurt a.M. (Suhrkamp) 1975. ©Suhrkamp Verlag.
Hermann Hesse: Beim Wiederlesen des Maler Nolten; aus: Ders.: Gesammelte Werke. Bd. 1. Frankfurt a.M. (Suhrkamp) 1970. © Suhrkamp Verlag Frankfurt a.M. 1970.
Gerhard Köpf: Es war ein Wunderbuch; aus: Ders.: Der Weg nach Eden. München/Zürich (Piper) 1994. © R. Piper GmbH & Co. KG, München 1994.

Ror Wolf: Ich war auf der Suche nach Lesegrotten; aus: Ders.: Lesen. In: Von Dichtersesseln, Eselsohren, Schusterjungen und Leseratten. Hrsg. von Günter Affholderbach/Klaudia Strohmann. Siegen (Affholderbach & Strohmann) 1985. © Ror Wolf.
Ernst Bloch: Wie das alles ineinander schäumte; aus: Erste Lese-Erlebnisse. Hrsg. von Siegfried Unseld. Frankfurt a.M. (Suhrkamp) 1975. © Suhrkamp Verlag Frankfurt a.M. 1975.
Franz Hessel: Ein Ästhet war man, ein reiner Genießer; aus: Lektüre unterm Weihnachtsbaum. In: Von Büchern und Menschen. Frankfurt a.M. (Frankfurter Verlagsanstalt) 1988. © Suhrkamp Verlag Frankfurt a.M.
Alan Sillitoe: Ich lebte in der Abenteuerwelt meines Buchs; aus: Ders.: Ein Start ins Leben. Zürich (Diogenes) 1971. © 1971 by Diogenes Verlag AG Zürich.
Marcel Proust: Die ständige Möglichkeit, auf die schönsten Sätze zu stoßen; aus: Ders.: Jean Santeuil. Übersetzt von Eva Rechel-Mertens, Frankfurt a.M. (Suhrkamp) 1962.
Michael Ende: Er mußte dieses Buch haben; aus: Ders.: Die unendliche Geschichte. Stuttgart (Thienemann) 1979. © by K. Thienemanns Verlag, Stuttgart-Wien.
Felix Braun: Der Leser; aus: Deutsche Lyrik aus zwei Jahrtausenden. München (Bayerischer Schulbuchverlag) ^{2}1967. © Felix Braun.
Dieter Forte: Schlug er ein Buch auf, blieb die Zeit stehen; aus: Ders.: Der Junge mit den blutigen Schuhen. Frankfurt a.M. (Fischer) 1995. © S. Fischer Verlag GmbH.
Hanns-Josef Ortheil: Das stundenlange, ununterbrochene Eintauchen in die Bücherflut; aus: Ders.: Das Element des Elephanten. München (Piper) 1994. © R. Piper GmbH & Co. KG, München 1994.
Karl Philipp Moritz: Und fing nun mit einer Art Wut an zu lesen; aus: Ders.: Anton Reiser. Ein psychologischer Roman. Hrsg. von Wolfgang Martens. Stuttgart (Reclam) 1972.
Marlen Haushofer: Eines Tages wird sie zwischen den Buchdeckeln bleiben; aus: Dies.: Himmel, der nirgendwo endet. Frankfurt a.M. (Fischer Taschenbuch) 1991. © Econ-Verlag GmbH.
Peter Weiss: Die Zwiesprache, die ich in den Büchern suchte; aus: Ders.: Abschied von den Eltern. Frankfurt a.M. (Suhrkamp) 1964. © Suhrkamp Verlag Frankfurt a.M: 1964.
Charles Dickens: Ich fraß förmlich ein paar Bände Reisebeschreibungen; aus: Ders.: David Copperfield. Zürich (Diogenes) 1982.
Karl Riha: zeile für zeile lies mit weile; aus: Von Dichtersesseln, Eselsohren, Schusterjungen und Leseratten. Hrsg. von Günter Affholderbach/Klaudia Strohmann. Siegen (Affholderbach & Strohmann) 1985. © Karl Riha.
Siegfried Lenz: Nur noch das Kapitelchen zu Ende; aus: Ders.: Der Leseteufel; in: So zärtlich war Suleyken. Masurische Geschichten. © Hoffmann & Campe Verlag, Hamburg 1955.
Marcel Proust: Dann war die letzte Seite gelesen; aus: Ders.: Tage des Lesens. Drei Essays. Frankfurt a.M. (Suhrkamp) 1969.
H. W. Katz: Ganz vertieft in eine Welt; aus: Ders.: Die Fischmanns. Weinheim/Berlin (Beltz/Quadriga) 1994. © Quadriga Verlagsgesellschaft mbH.
Hans Bender: Mit gezücktem Bleistift lese ich; aus: Von Büchern und Menschen. Frankfurt a.M. (Frankfurter Verlagsanstalt) 1988. © Hans Bender.
Oskar Maria Graf: Wir wurden schwärmerisch, ja beseligt; aus: Ders.: Das Leben meiner Mutter. München (dtv) 1984. © Paul List Verlag in der Südwest Verlag GmbH & Co KG.
Roald Dahl: Die Bücher führten sie in neue Welten; aus: Ders.: Matilda. Übersetzt von Sybil Gräfin Schönfeldt. O.O. (Wunderlich) 1994. © Rowohlt Verlag GmbH.
Martin Walser: Dieses durchs Lesen gesteigerte Selbstverständnis!; aus: Ders.: Vormittag eines Schriftstellers. Frankfurt a.M. (Suhrkamp) 1994. © Suhrkamp Verlag Frankfurt a.M. 1994.
Italo Calvino: Er war kein hastiger, gieriger Leser; aus: Ders.: Abenteuer eines Lesers. Erzählungen. München/Wien (Hanser) 1986. © 1986 Carl Hanser Verlag München Wien.
Dante Alighieri: An jenem Tage lasen wir nicht weiter; aus: Die Göttliche Komödie. Die Hölle. Fünfter Gesang. Verse 115-138. Übersetzt von Hermann Gmelin. Stuttgart (Reclam) 1972.
Dacia Maraini: Mit den Menschen zu zittern, die durch die Seiten spazieren; aus: Dies.: Die stumme Herzogin. München (Piper) 1991. © R. Piper GmbH & Co. KG, München 1991.
Roland Barthes: Die Lust am Text. Übersetzt von Traugott König. Frankfurt a.M. (Suhrkamp) 1974. © Suhrkamp Verlag Frankfurt a.M. 1974.
Gerhard Roth: Was ich lese; aus: Ders.: Die Presse. Wien 1996. © Gerhard Roth.

Wir danken allen Rechtsinhabern für ihre Abdruckerlaubnis.